人生は理不尽

佐々木常夫

GENTOSHA

JN231412

はじめに

官邸が主催する「人生１００年時代構想会議」によれば、日本は今、「健康寿命が世界一の超長寿社会を迎えている」のだそうです。

長寿という言葉には、「元気で長生きする」という意味があると言われます。だとすれば、超長寿社会は歓迎すべき幸せな社会と言っていいはずです。

ところが現実には、幸せどころか不安の声しか聞こえてきません。

認知症など老年病への不安。介護への不安。

お金の不安。住まいの不安。孤独死への不安。

このような不安から、「長生きしたっていいことなんかない」「できるだけ早く死にたい」と思っている人も少なくないのではないでしょうか。

確かに、超長寿社会は問題が山積みです。不安を覚えるのも当然です。後期高齢者となった私自身、何の不安もないと言ったら嘘になります。

でも、先々を悲観しているかと聞かれれば、そんなことはありません。

認知症になるかもしれないし、寝たきりになるかもしれない。今あるお金や住まいが、失われてしまうことだってあるかもわからない。

でも、そうなったらそうなった時のこと。人生、なるようにしかならない。悩んでも始まらない。老いも死も、楽観的に見るようにしています。

私はこのようなものの見方を、長年のビジネスマン人生から体得しました。

私は三十九歳で課長に昇進しましたが、直後に妻が急性肝炎を発症したため、妻の看病と自閉症の長男を含む三人の子どもたちの世話をしなければなりませんでした。病気の妻と障がいの子どものケアをしながら、会社のトップになることを目標に仕事に全力を注いだのです。

しかし、取締役まで昇りつめたのもつかの間、わずか二年で解任され、子会社への左遷《させん》人事を言い渡されました。

私には「東レを強い会社にしたい」という並々ならぬ思いがありました。だから上が判断したことでも、会社のためにならないと思えば迷わず苦言を呈しました。業績の悪化を防ぐため、「お言葉ですが」と進言することもしばしばでした。でも、会社にとっては迷惑な話でしかなかったのでしょう。私の行動はトップの不興を買い、左遷されることになってしまったのです。

その上、ちょうど同じ頃妻が手首を切って自殺未遂を図りました。肝臓病に加えうつ病を併発していた妻は何度も自殺未遂を繰り返していましたが、私の多忙に比例するかのように病状が悪化し、ある日自分の手首を深く切り、出血多量で命を失うかもしれないという最悪の事態に及んでしまったのです。

会社のためにがんばったのになぜ報われないのか。なぜ自分や家族がこんな目に遭わねばならないのか。日々苦悩と向き合う中で、私は「なるようにしかならない」「何とかなるさ」という考え方を身につけたのです。

そんな私に言わせると、物事を楽観的に見るにはちょっとしたコツがあります。「期待するのをやめる」ことです。

期待するとは「こうして（こうあって）ほしい」など、何かを当てにして待つことです。こういう気持ちが強ければ、裏切られた時の落胆も不安も当然大きくなります。

期待をやめると、今できる範囲で何とかしようという気になります。自力でできないことは、他人の力を借りるなり別の方法を考えるなりしようという建設的な考えも生まれます。執着や不満も少なくなります。

期待しないというのは、「希望を持つな」ということではありません。「人を信頼するな」というのとも違います。一定の距離を置いて、物事や人を冷静に見るということです。

そうすれば、慎みや配慮が生まれます。してもらったことや与えられたものに対して感謝も芽生えます。

高齢になると孤独が増します。人に期待したり依存したりしがちになります。だからこそ積極的に、「期待しない」習慣を身につけたほうがいいのです。

人生は時に理不尽です。お金、仕事、健康、家族のことなど、むしろ理不尽だらけだと言えるかもしれません。

しかし、理不尽から学ぶものも決して少なくありません。七十五の声を聞いた私が老い先を楽観視できるのも、ビジネスマン人生で強いられた理不尽のおかげと言っても過言ではありません。

本書はそんな私の、晩年における人間関係や健康、お金、老いや死に対する考えをまとめました。超長寿社会を生きるみなさんの不安が、少しでも軽減されれば幸甚です。

二〇一九年一月

佐々木常夫

人生は理不尽　目次

第二章
自然体で老いてみよう

第三章
死ぬまで楽しく働こう

第四章

お金の不安におびえるな

第五章
謙虚さが豊かな老いをつくる

第一章

人間関係は情や愛で考えない

老後の安心は「人間関係」がカギ

老後の人生でもっとも重要なものは何か。それはほかでもない人間関係です。

むろんお金も大事です。健康だって大事です。

しかし、お金や健康は自分ではいかんともしがたい場合があります。地道に努力したからといって手に入れられるとは限りません。大丈夫だと思っていてもどうにもならなくなることだってありえます。

これに対し、人間関係は自分の努力でいくらでも作れます。すべて思い通りにいかないまでも、心がけしだいで良好な状態を保つこともできます。良好な人間関係が保たれていれば、お金や健康面での問題が解決されることも少なくありません。

かつて親交のあった、ある資産家の方の話です。

この方は都内の一等地に数億円相当の不動産があり、地方に別荘も持っていました。夫婦二人で何不自由なく生活していましたが、あるときご主人が体調を崩し施設に入ります。残された奥さんは都内の家で一人暮らしをしていましたが、施設の費用や別荘の維持費などを年金ではまかない切れず、現金が底をついてしまいます。

不動産を売却するしか手立てはありませんが、奥さん一人では何から手をつけていいかわかりません。お子さんが資産整理をしようにも、施設のご主人は記憶も曖昧で思うように話し合いができません。莫大な不動産を簡単に手放すわけにもいかず、一家で途方に暮れることになってしまったのです。

私はたまたまこの話を耳に入れましたが、もっと早く相談されていれば力になれたのにと残念でなりませんでした。知っていれば不動産の専門家を紹介したり、ご家族できちんと話し合うようアドバイスできたかもしれません。

他人に相談しないまでも、家族でふだんから話し合える体制が築けていれば、ここまで困ったことにならずに済んだはず。このようなことにならないためにも、年をとったら家族も含めた他人とのつながりを意識しておくべきなのです。

中には「他人になんか相談しなくても、自分はちゃんと管理できる」と言う人もいるかもしれません。「いい加減に構えているからそんなことになるのだ」と感じる人もいるでしょう。

でも、このご夫婦はいい加減でも管理能力が低い方でもありません。長年社会で活躍され、優れた見識を備えた立派なご夫婦です。そんな方でさえ年をとると、こういう事態が起きるのです。

最近は終活ブームもあり、積極的に老後の準備をする人も増えています。他人の手を借りずとも、自分で何とかできると考えている人も少なくないでしょう。

しかしそれは「まだ若い自分」を基準にした考え方ではないでしょうか。

さらに年を重ねれば、自分の体調も取り巻く環境もどう変わるかわかりません。その不安を払拭し、老後の安心に必要不可欠となるのが人間関係なのです。

若かりし頃の自分を、
基準にしてはいけません。
年をとったら、
なんでも周りに相談し
足りないものを補ってもらいましょう。

自分の世話は自分で焼こう

人間関係は確かに重要ですが、ベッタリ依存したり、何でもかんでも頼るのがいいわけではありません。

大事なのは、つかず離れずのうまい距離をとること。仲がよいけれど期待しすぎない。人間関係ではそんな距離感を保つのがベストだと思います。

人間年をとると、これまでのように動けなくなります。社会の時流にもついていけなくなります。思考力や記憶力も衰え、当たり前にできていたことができなくなり、だんだん社会から取り残されていきます。好むと好まざるとにかかわらず、人間は老いるにしたがい、誰もが孤独になっていくのです。

この逃れようのない孤独に向き合い、耐える力を身につける。それは高齢者に課せられた重要な務めだと私は考えています。

「年寄りは孤独に耐えるもの」ということを念頭に、さりとて困り果ててしまわないよう、できるだけ多くの人と軽いタッチでつき合ってみる。そのくらいのさじ加減がちょうどよいのではないでしょうか。

とは言え仕事一筋でやってきた男性の場合、他人との関係がうまく築けず、何かと奥さんに依存してしまうということがあります。

定年後はずっと家にいて、食事も洗濯も当たり前のように奥さんにやってもらう。こういう人は奥さんがいなくなったら、おそらく孤独のどん底です。ではどうすれば孤独のどん底に陥らずに済むのか。おすすめは「自分の世話を自分で焼くようにすること」です。

食後の食器を洗う。洗濯物をたたむ。風呂やトイレの掃除をする……。身の回りのちょっとした家事を自分でやるようにするのです。

こういう習慣をつけておくと生活に対して自信がつき、他人への依存心が薄れます。たかが家事と思うかもしれませんが、「自分の世話くらい自分でやれる」

という自信がつくと、人は思う以上に強くなります。

実際私は、サラリーマン時代から病気の妻に代わって家事全般をやっていたので、この手の孤独とは無縁です。仕事に家事に妻の看病にと、当時はしんどい思いをしましたが、おかげで孤独に強くなったと思うと、むしろ運がよかったとさえ感じます。

孤独に耐える力を養う練習として、家事を習慣にしてはどうでしょうか。

家事に不慣れな男性のために言いますと、最初から器用に家事をこなそうとする必要はありません。私は今でも洗い物などをしますが、おおらかな性格が災いしてか（?）、家族から「洗剤が落とし切れていないよ！」と叱られてしまうこともあります（笑）。

家事男の私ですらその調子なのですから、うまくやろうと気負い過ぎず、叱られて当たり前くらいの気持ちでやってみるといいと思います。

叱られて、当たり前。
でも自信がつけば、
あなたは自分が思っているより、
強くなれるのです。

親子の同居に「愛」はいらない

孤独と並んで「淋しさ」について考えておくのも大事です。高齢者の一人暮らしは淋しいなどといった固定観念にとらわれると、困ったことが起きる可能性もあります。

亡くなった私の母の話です。

母は連れ合いを亡くしたあと、秋田で一人暮らしをしていましたが、「一人にさせておくのは忍びない」と東京の弟夫婦が母を引き取ることになりました。同居のために家の改装までした弟夫婦には頭が下がる思いもありましたが、情が先走ったのか、弟夫婦は母を引き取ることに関して、私や兄に何の相談もせず事を進めていきました。

ところが、しばらくすると弟夫婦は「母の面倒をなぜ自分たちだけがみなければならないのか」と言い始めます。兄弟で生活費を分担しましたが、母が体調を崩すと弟夫婦は世話が大変なので病院に入れると言ってきました。

するとと兄が「そういうことなら自分の家の近くの病院に入院させる」と言い、兄弟間で母の取り合いが起きてしまいました。母を思う気持ちが、二人を対立させてしまったようです。

しかもよくよく聞いてみると、当の母は「本当は秋田を離れたくなかった」と言います。見知らぬ東京より、たとえ一人暮らしでも慣れた秋田のほうが安心して暮らせる。それが母の本心だったのに、「淋しいだろうから」という情で判断した結果、母を不本意なところへ連れて行ってしまったわけです。

ただ、私は弟たちをとても責める気にはなれません。やり方はまずかったにしろ、「母を一人にしておけない」という親思いからしたことです。

親を思う気持ちが人一倍強いと、皮肉にもこのような事態が起きることもある。私はそのことをいやというほど痛感しました。

ですから、老いた親御さんを引き取る、あるいはお子さんと同居を考えるのなら、「情」で判断しないようくれぐれも注意して下さい。一人暮らしは本当に淋しいのか。環境を変えてまで誰かと暮らしたほうがいいのか。熟慮することをおすすめします。

親の面倒を見るというと、多くの人は「愛」や「情」で動いてしまいがちです。「老いた親が一人でいるのは悪いことだ」という思い込みや、「自分は老いた親を面倒みている」という自己満足で同居を決めてしまうことも少なくありません。

しかしそうなってしまっては、愛ではなくエゴでしかありません。

だからこそ、同居を考えるなら、愛はいらない。お金はどうするのか。きちんと面倒が見られるのか。必要なのは情ではなく冷静に判断することなのです。

そもそも同居すれば、多かれ少なかれストレスが生じます。高齢になってストレスに悩まされるくらいなら、多少淋しくても一人のほうがよほど気楽だという場合もあります。淋しいという感情に振り回されてはいけません。

相手を想えばこそ、
「愛」や「情」で考えない。動かない。
同居のトラブルを避けるためにも、
淋しくても
一人の気楽さを優先しましょう。

「子どもへの期待」は持たないに限る

最近は「子どもの世話にはならない」という高齢者も増えていますが、「子どもに面倒を見てもらいたい」という気持ちは、誰しも心のどこかにあるのではないでしょうか。

このような気持ちを持つのは人として自然なことかもしれません。でも、私は子どもへの期待は持たないに限ると考えています。「子どもの世話になんかなりたくない」とまでは言いませんが、常に自立的に構えていたほうが、ストレスなく元気に生きられると思うからです。

私は現在娘夫婦と同居しています。娘とはもともと仲がいいですし、娘婿も私を実の父親のように慕ってくれています。

でも、人間いつどう変わるかわかりません。今はよくても何らかの出来事によって事情が変わることも考えられます。そのことを十分踏まえておかないと、期待が恨みつらみに変わり、そのことが原因で仲違《なかたが》いしてよけいなストレスを抱えないとも限りません。

そんなことになるくらいなら、はなから期待を抱かず、「いざとなったら別々に暮らせばいい」くらいの心構えでいたほうがずっと楽。良好な関係を長続きさせるためにも、期待は持たないほうがいいのです。

とは言え、いざ介護してもらうならやはり肉親が一番だと思うのも人情です。見知らぬ他人にしてもらうよりはわが子にしてもらうほうがうれしい。私だってそう感じることもないではありません。

でも今の娘夫婦を見ていると、仕事柄不規則な生活をしているので、とても面倒が見られるとは思えない（笑）。いい加減に扱われるくらいなら、介護のプロにやってもらうほうがいいのかなと思えなくもありません。

結局介護は「子どもにしてもらうのが一番」というよりは「きちんとやってく

れる人にしてもらうのが一番」ということになるのかもしれません。

子どもに期待を抱きすぎないためには、親子関係を「タテ」ではなく「ヨコ」で考えるのが大事です。

親子というのはよくも悪くもとても身近な存在です。ついつい感情的になり「あれをしてくれない、これもしてくれない」など不満を抱いてしまいがちです。そうならないためには、親子というタテの関係ではなく、互いに一人の人間どうしというヨコの関係で見るといいのです。

人間どうしとして見れば、お互いの間に距離ができ、相手のことを客観的に見られます。気遣いや尊重が生まれ、「すがってはいけない」という慎みも生まれます。

他人行儀で冷たいと感じるかもしれませんが、このほうがかえって本音を話しやすくなり関係性が深まります。「期待しない」は、言葉としてはネガティブな響きもありますが、よい関係を育むための大切な心がけなのです。

親も子も、
お互いに期待しない。すがらない。
人間どうし尊重し合えば、
よりよい関係が築けます。

認知症傾向はコミュニケーションで防ぐ

「ストレスになるくらいなら一人でいたほうがいい」と私は思いますが、それはあくまで元気で暮らせることが前提です。自立して暮らせない状態になったら、子どもと同居するなり施設に入るなり、誰かの世話になることを考えなければなりません。

特に認知症傾向があるとわかったら、一人で暮らすのはよくありません。早い段階で誰かと暮らすべきです。「認知がかっている」程度であれば、人との交流によって進行を食い止めることもできるからです。

私の実体験をお話ししましょう。

私はこれまで娘夫婦と同居してきましたが、最近、娘婿の両親とも同居し始めました。私たち夫婦と娘夫婦、娘婿の両親の三世帯同居です。

なぜ三世帯同居に踏み切ろうと考えたのか。きっかけは先方の八十代後半の両親が、高齢のため介護の必要が出てきたからです。

お父さんは五年ほど前から車椅子生活となり介護施設で暮らしていますが、お母さんはその施設に二日に一回通う程度です。

百坪の大きな家に実質一人で生活しているので、不用心ですし、宅配の給食を頼むなど次第に家事もやらなくなり、だんだんと物忘れをすることが多くなってきました。

こうなったら一人で放っておくわけにはいきません。あれこれ考えた末、三世帯同居をしようという結論に至ったのです。

その家にはエレベーターを設置し全部バリアフリーにして、お父さんには介護施設から自宅に戻ってもらい、全員で介護することにしました。

改築の間、お母さんは私たちのマンションで暮らすことになりました。

少し記憶に難があり、昨日のことを忘れたり、同じ質問をしたりすることはありますが、足腰もまだ丈夫ですし、会話が成り立たないわけでもありません。私たちはできるだけお母さんと会話し、料理などもいっしょにやるよう心がけました。食事を作ったり、お酒を飲んで語らったり、近所を散歩したり。するとと次第に、お母さんの行動や表情に変化が見られるようになりました。今では私の娘と夕食を作るのが楽しみで、夕方になると台所にやってきてうれしそうにソワソワしています（笑）。一人のときはほとんど飲まなかったのに、私が誘うとすすんでお酒もたしなみます。これを見た娘婿は「お母さん、実家にいるときは『お酒なんか飲まない』って言っていたのに！」とびっくりしていました。

深刻な人の場合はまた別かもしれませんが、認知症傾向のある人にとっては、コミュニケーションが重要なカギであることは確かなのではないでしょうか。

良好な人間関係は、
認知症傾向も回復、予防してくれます。
家族じゃなくてもいい。
よき食事相手、
飲み友だちを作りましょう。

「三世帯同居」のメリット

私は先方の両親のために三世帯同居に踏み切りましたが、「かわいそうだから」とか「何とかしてあげたい」という気持ちで同居を決めたわけではありません。

そういう気持ちももちろんありましたが、そうしたほうが信頼関係も強まり、私自身のリスクを減らすことにもつながるからです。

こういう大家族の生活のすぐれた点はいくつかあります。まず、介護をみんなですることができること。朝食昼食は別にして夕食は娘が三所帯分をまとめて作れること。わが家にはペット（チワワとフレンチブルドッグ）が三匹いますが、時間のある誰かが散歩に連れていけること。それに何といっても共同生活なので、一所帯分の生活費が極めて安く済むといったメリットがあります。

それに、「娘の嫁ぎ先のことなんか知らぬ存ぜぬ」で放っておいたら、親子間に溝やわだかまりが生じることも考えられます。そうなる前に協力体制を築いたほうが、信頼も損なわれず抱える負担も小さくて済みます。

むろん無理のない範囲での話ですが、「家族は一蓮托生」を念頭に、手間やお金を出し惜しみしないほうが、結局自分のためにもなるのです。

もっとも三世帯同居を決めた背景には、娘婿の両親の家が都内にある比較的大きな一軒家で、三世帯同居の建築が可能だったこともあります。先方は土地を提供し、私たちは改築費用の多くを負担する。三世帯同居はいわば両家のコラボレーションの成果というわけです。

「そんなことができるのはお金に余裕があるからだ」と言われそうですが、お金がないならないなりに、家族で協力し合うことは十分可能です。

積極的に相談に乗る。役立つ情報や人脈を提供する。可能な範囲で介護や見守りを手伝う……。貸し借りではなく「お互いさま」という意識で手を差し伸べ合えば、互いに気持ちもいいのではないでしょうか。

現在、私はお母さんに朝ごはんやお風呂、薬を飲ませるなどのお手伝いをしています。「そんなことまでしていただいて……」と恐縮されますが、私にとってはそのくらいのことは煩わしくもなんともありません。

ごはんもお風呂も、私にとっては単なる家事の延長です。やれることをやっているだけで「毎日が楽しくて幸せだ」と喜んでもらえるのですから、私にとってもこんなに幸せなことはありません。

こうした親戚付き合いは相性もあります。親しくつき合うのがむずかしいというケースも当然あると思います。

そういう場合は、「つき合いたくない」という気持ちをちょっとだけ抑えて、最低限の誠意だけでも示しておきましょう。親戚は他人と違って縁を切るわけにはいきません。ふだんは疎遠でもつき合わざるを得ない、世話にならざるを得ないことも考えられます。

そこを踏まえてできるだけ仲よくしておくほうが、あとあと楽だと思います。

相性がよく、
メリットが大きいのであれば、
「家族は一蓮托生」です。
肉体的にも経済的にも、
「お互いさま」で支え合いましょう。

「困りごと」はフランクに打ち明ける

幸い娘婿の両親の実家のそばには、二人の娘さんも住んでいます。したがって三世帯同居がスタートしたら、娘夫婦と私たち夫婦、それに二人の娘さん、計六人で両親を支えることになります。足りないところはプロの手を借りれば、各人の負担もそれほど大きくならずに済むはずです。

具体的な役割分担を考えているわけではありませんが、「やれる人がやれることをする」ということを前提に、できるだけたくさんの人手で臨むことが、介護では重要なことではないでしょうか。

現代は核家族が中心です。「三世帯同居なんて無理」「三世帯同居で介護するなんて特別なことだ」という意見がおそらく多数を占めることでしょう。

しかし、今後超高齢化社会に入っていくことを考えると、「大家族で年寄りを支える」という選択肢も考えざるを得なくなります。

ただ寄り集まって暮らすのではなく、年寄りを中心にどう支え合っていくかを合理的に考える。私たちの三世帯同居は、いわば超高齢化社会を見据えた試金石の一つと言ってもいいのかもしれません。

もっとも、介護などの高齢者問題は家族だけでは解決できません。かといって、お上が何とかしてくれるのを悠長に待っているわけにもいきません。

そこで重要なのが、家族以外の誰かの力を借りること。介護のプロだけでなく隣近所にサポートしてもらうということです。

たいへんな作業をお願いするわけにはいきませんが、ちょっとした手伝いや見守りなら、引き受けてくれる人は必ずいます。「困っているなら手助けしてあげたい」と思っている人は決して少なくありません。

私も病気の妻の看病をしていたとき、近所の方にはずいぶんと助けてもらいました。困っている事情をフランクに打ち明けると、「そういうことならお手伝いしましょう」と申し出てくれたのです。

うつ病で苦しんでいた妻の話し相手を熱心にしてくれたり、私の代わりに買い物に行ったり市役所への届け出をしてくれたり……。近所の方たちのサポートがなければ、妻の看病をこなしきれなかったと言っても過言ではありません。

「他人に迷惑をかけたくない」「家の困りごとなど他人に見せるものではない」、おそらく誰もがそう思うことでしょう。しかしこと介護においては、そんなことを言っていられなくなる時代がやって来ます。

未曽有《みぞう》の超高齢化社会に突入すると言われる「2025年問題」に備え、隣近所など社会全体で年寄りを支えていく意識が、今後は不可欠になっていくと思います。

家族だけでなく、介護はみんなで臨む。
「手助けしたい」という人は
案外多いもの。
助けてもらうことは、
恥ずかしいことでもなんでも
ありません。

困ったわが子も十八歳からは大人として扱う

最近は、親子共倒れになったり介護殺人が起きたりなど痛ましいニュースも耳にします。ここまで深刻でなくても、子どものことで何らかの心配事を抱えている親御さんも案外多いかもしれません。

非正規雇用で働く息子の先行きが心配。離婚して出戻った独り身の娘が心配……。

私も人の親ですから、こういう親御さんの心配はとてもよくわかります。でも、この手の問題は親が心配してもどうにもなりません。できる範囲で手助けしてやるのも必要ですが、元気な限りはあれこれ気をもまず、信頼して放置するのも親の役目ではないでしょうか。

私もかつて次男のことで、少々気をもんだ経験があります。

次男は七年かかって大学を卒業し、長らくフリーターをしていました。就職したこともありましたが、辞めてまたもとのバイト生活に戻ってしまい、経済的援助をしてやることもありました。気がかりでなかったといえば嘘になります。

でも、私は次男を信頼するよう自分に言い聞かせました。十八を過ぎたのなら、わが子ももう一人前の大人。いずれは自分で自分を立て直すはず。そう信じてあれこれ心配しないようにしたのです。

結果的に、次男は三十代半ばでビジネスを興しました。幸い軌道に乗り、結婚して子どもも生まれました。これだけでも一安心なのですが、息子は大学留年以降に私が出してやったお金をリストアップして手渡し、こんなことを言ってきたのです。

「お父さんにはたくさん迷惑をかけた。心配もかけた。お金もたくさん出してもらった。でもお父さんは僕にひと言も文句を言わなかった。それどころかあふれる愛情をもらった。僕はこのままでは親としてわが子を教育できない。僕自身が父親になるにはもらったものを返さないといけない。愛情は目に見えないけど、お金なら形にして返すことができる。だから少しずつ、出してもらったお金をすべて返したいと思う」

これには私も驚きました。マイペースでのんびりしているように見えた次男が、ここまで真剣に言ってくるなんて。自分の気持ちが次男に届いていたのかと、思わず目頭が熱くなってしまいました。

親というのは子どもが何か問題を起こすと、心配のあまり怒鳴ったり責めたりしてしまいがちです。でもこういうとき、たいてい子どもは反省しています。少なくとも次男の場合は、内心申し訳ないと思っているのは明らかでした。

そんな状態の子どもを責めても何もいいことはありません。反省してすぐさま生き方を変えるというわけにはいきませんが、子どもの気持ちを理解するよう努力すれば、親の気持ちは必ず子どもに届くものだと思います。

黙ってわが子を見守り理解しましょう。
「育て方が悪かった」は絶対にNG。
十八歳を過ぎたら、
わが子である前に一人の大人です。
説教するより
「信頼する」のが親の務めです。

親は死んでも子は生き延びる

わが子に関して、もっと深刻な悩みに直面している人もいると思います。離職を繰り返したり、うつ病や統合失調症などの精神疾患を抱えていたり……。まともな会話も成り立たず、苦しんでいる親御さんも少なくないかもしれません。

でも、ここまで来るともはやお子さん自身もどうにもならないのかもしれません。自立したくてもなかなかできず、人知れず苦しんでいることも考えられます。こういう状態のお子さんに「いい大人なんだからしっかりしろ」と言うのも酷な気がします。

こうした問題はれっきとした社会問題であり、必ずしも個人だけの責任というわけではありません。「なんとかしなければ」と考えるのも大事ですが、「なるようにしかならない」と腹をくくることも必要ではないでしょうか。

そもそも子どもが親を頼るのは、親が何かと面倒を見てくれるからです。親が亡くなりでもすれば、たいていの子どもは何とか生きていこうとするものです。「何とかしてやりたい」という親の情が子どもをだめにすることもないとは限りません。

わが子が病気の場合も、悲観することはないと思います。

私には自閉症の長男がいます。彼は誰かのサポートなしには生きてはいけません。ですから、精神疾患のお子さんを持つ親御さんが「自分がいなくなったらどうしよう」とわが子を心配する気持ちは痛いほどわかります。

でも、親がいなくなれば必ず別の人間が面倒を見ます。兄弟や親戚がいなければ、ケースワーカーやソーシャルワーカーの方が見てくれます。ひとりぼっちでほったらかしにされるなんてことはまず考えられません。

精神疾患の子を持つ親のための講演会で、よく「この子が心配で、死んでも死にきれません。どうしたらいいでしょう」という相談を受けることがありますが、そんなとき私はこう答えるようにしています。

「大丈夫。あなたがいなくなっても誰かが代わりに見ますよ。だからどうぞごゆっくり、安心して死んで下さい（笑）」

将来をあれこれ心配するより、先のことは何とかなると考えて、楽観的に構えるのも大切なことなのです。

子どもは親が思う以上に親の姿を見ています。多かれ少なかれ子どもは親の生き方に影響を受けます。よく「親の背中を見て子どもは育つ」と言いますが、子どもの姿は親自身を映し出す鏡といっても過言ではありません。

だから子どもに変わってもらいたいなら、変わることを期待するより親自身が変わる努力をする。くよくよ悩まず、自分自身の人生をしっかりと生きる。これが親子共倒れにならない最善の方法ではないでしょうか。

親の情が、
子どもをダメにすることも。
「なるようにしかならない」
と腹をくくり、
自分自身の人生を
しっかりと生きましょう。

義理は積極的に欠いていい

サラリーマン時代の義理でのつき合いなどは減らしてしまうに限ります。形式的なつき合いをやめれば、自分にとって大切な関係がおのずとわかり、より充実した人間関係作りができるのではないでしょうか。

私も七十の声を聞いて以後、人間関係を大幅にダウンサイジングしました。お中元やお歳暮はもちろん、年賀状もかなり減らしました。六十代までは四百枚ほど出していましたが、今ではたった五十枚。

特に挨拶もなく一方的にやめてしまいましたが、そもそもこういうものは虚礼ですから、やめたからといって失礼に当たることもありません。

かたちだけのつき合いなら、すっぱりとやめたほうがお互いのためということもなきにしもあらず。人間関係の義理は積極的に欠いていいのです。

もっとも、私が義理を欠くようになったのは今に始まったことではありません。二次会には行かないなど、現役のときからよく義理を欠いていました。

ただし、「ここぞ」というつき合いは絶対に欠かしません。「断ったら信頼を損なうぞ」という飲み会は多少無理してでも参加しました。

義理は欠いても信頼は欠かさない。それがビジネスにおける人間関係の鉄則だと考えていたのです。

世間では「上司の誘いを断ったら出世できない」などと言われますが、私に言わせればそれは真っ赤なウソ。上司が求めているのは仕事ができることで、飲み会を断らないことではありません。酒のつき合いなんて、その程度のものなのです。

かたちだけのつき合いは、
すっぱりやめたほうがお互いのため。
そうすればおのずと
大切な人間関係がわかります。

見栄は百害あって一利なし

信頼できる友だちの存在はかけがえのない支えになります。大きな慰めにもなります。友がいるかいないかで、老後の人生も大きく変わります。

ところが案外多くの人が友情に対してなおざりです。「放っておいたって縁が切れることはないだろう」などと安易に考えています。

でも、それは大きな心得違い。友情とは手入れをしてこそ輝くものであり、放置しておけば錆び付き、関係性は潰《つい》えてしまいます。受け身で待つだけでなく、自らすすんでコンタクトをとり、かけがえのない友情を末永く輝かせたいものです。

中には金銭的な事情で、友だち付き合いにあまりお金をかけたくないという人もいるかもしれません。交流を持ちたいけれど飲み食いにお金をかけられない。

だからお誘いがあっても断らざるを得ないという人もいるかもしれません。

そういう場合は、何もお金をかけて飲食する必要はありません。お茶を飲むだけだって十分です。親しい間柄なら「そんなのダメ」なんて言いません。事情を伝えれば、理解して合わせてくれるはずです。

大事な友だちなら、黙って誘いを断るより率直な本音を話すべきです。何も話さなければ相手は「避けられている」としか思わず、ますます疎遠になってしまいます。

特に男性の場合、見栄やプライドから「お金がない」と言えず、飲み会などの誘いを断ってしまうこともあるかもしれません。でも、そんな見栄は百害あって一利なし。本物の友情を育むのに、お金もお酒もいらないのです。

本物の友情には、
お金もお酒もいりません。
とにかく惜しみなく
手間をかけましょう。
義理のつき合いとは反対に、
大切な人とのつき合いは
欠かさないように。

夫婦は情愛より「リスペクト」

厚労省のデータによれば、近年七十歳以上の高齢離婚が増えているそうです。でも、高齢での離婚はリスクが高いのも確かです。若い頃と違い、新たなパートナーを見つけるのも簡単ではありません。実際離婚をきっかけに孤立し、不安定な老後を余儀なくされている人もいます。

不安と孤独に苛《さいな》まれる老後を送るくらいなら、離婚せず夫婦関係を改善するほうがずっと賢いのではないでしょうか。

では、夫婦仲をよくするにはどうすればいいか。一番の方法は相手を「リスペクトする」こと。相手の優れているところを見つけ、相手を認めることです。

長年いっしょにいると、欠点やアラが見えてきます。文句や不満もたまってきます。

でも、人間欠点やアラがあるのは当たり前です。そもそも相手によいところがあって結婚したわけですから、それを思い出して認めればいいだけ。それほどむずかしいこともないのではないでしょうか。

夫婦は情愛も大事です。情愛で夫婦が円満にいくならそれが一番です。でも、情愛は時間とともに薄れます。情愛だけで夫婦を続けるのは不可能です。

一方リスペクトの気持ちはそう簡単には薄れません。一生懸命探せばより多く見つけ出すことだってできます。夫婦円満にやっていきたいのなら、不安定な情愛より確かなリスペクトを優先したほうがいいのです。

私の場合、妻が肝臓病やうつ病を患っていたため、正直不仲に悩むどころの話ではありませんでした。看病に必死で思い悩むヒマもなかったほどです。

妻が自殺未遂を繰り返し生死の境をさまよったときは、「おれのほうが死にたいよ」と内心弱音も吐きましたが、妻と離婚しようとはつゆほどにも思いませんでした。

この人とやっていこうと決めたからには、そう簡単に放り出すものか。自分が選んだ責任をまっとうすることが愛である。そう信じていたからです。

相手をリスペクトし、できる限りの責任を果たす。結婚における愛情とはそういうものではないでしょうか。

しかし中には「どうしてもリスペクトできない」という人もいるでしょう。「いっしょに暮らすのがしんどくて、もう別れるしかない」という人も少なくないと思います。

そういう場合は離婚したって構いません。どうにもならないものを無理にいっしょにいろとは言いません。

離婚したほうが老後をイキイキと暮らせるというなら、それはそれでいいと思います。大事なのは浅薄な考え方をせず、慎重に臨むこと。いっしょに居続けるか、離婚するか。どちらが充実した老後になるかを真剣に考えることではないでしょうか。

高齢離婚は避けるにこしたことはありません。
夫婦円満のためには、
互いのリスペクトが大事。
ただし、どうしてもダメなものを無理する必要はありません。
どちらが充実した老後か、
慎重に考えましょう。

兄弟姉妹とは他人以上に距離をとる

兄弟姉妹との関係も、当然仲がいいにこしたことはありません。互いの家をしょっちゅう行き来するにしろ盆暮れにしか会わないにしろ、仲よく話ができる関係を保っておくのが一番に決まっています。

しかしどれほど仲がよくても、兄弟間では一定の距離を置くことをおすすめします。仲がよすぎると甘えが生まれ、負担になることもあるからです。

私は男ばかりの四人兄弟です。長男、私、そして私の下に二人の弟がいます。早くに父を亡くし母子五人で肩寄せ合って生きてきたこともあり、兄弟仲はとてもいいほうだと思います。

ただ仲がよすぎたのか、兄弟はたびたび私を頼ってくることがありました。特に長男は年上であるにもかかわらず、何かと私に相談をもちかけてきました。

結婚を決めるときも相手の女性を私に引き合わせ、「常夫、あの人のことどう思う？　お前がいいって言うならおれは結婚を決める」と言ったり、結婚後夫婦喧嘩したときも、私を呼び出して仲裁役を頼んだり。

兄のことは大好きでしたから、役に立てるのはうれしいのですが、仲裁のために遠距離を行き来するのはやっぱり一苦労です。

一方弟からは手術の立ち会いを頼まれたことがあります。幸い手術は無事に終わりましたが、これまた遠方からの呼び出しで一泊二日。

こうした呼び出しが続いたせいで、妻から「なぜあなたばかりがやらなければならないの？　他にも兄弟はいるじゃない」と叱られてしまいました。「兄弟なんだし断るわけにもいかない」と説明しましたが、考えてみれば妻の言い分ももっともです。

他人と違い気兼ねなく頼り頼られるのも兄弟のよさですが、このような関係が続くとやがて甘えるのが当たり前になります。当たり前になると「ありがとう」

のひと言もなくなります。

他人なら感謝すべきものを、兄弟となると感謝も遠慮もなくなってしまう。こうなると甘えられるのに疲れ、顔も見たくないということにもなりかねません。だから兄弟はあえて距離を置く。距離を置いて、頼られすぎないようガードしたり甘えすぎないようにしたほうが、わだかまりなく楽につき合えます。

兄弟間では親の介護や遺産をめぐって争いがおきがちです。どれほど仲がよくてもひとたび問題が起きれば、他人以上の憎しみを抱くこともないとは言えません。

そんなことにならないためにも、兄弟間では冷静かつ客観的に話し合いのできる、ほどよい距離感が必要なのです。

仲がよければ、
甘えやわがままも生まれます。
高齢になったら、他人以上に
兄弟とのつき合い方を
見つめなおしましょう。

老いらくの恋は節度をもって

独り身で淋しいから誰かつき合う人が欲しい。年甲斐もなく好きな人ができてしまった……。今どきはこんな悩みを持つ高齢者もめずらしくないかもしれません。

こうした高齢者の恋愛を、私は決して否定しません。いくつになろうと誰かを好きになるのは素晴らしいこと。積極的に恋をするといいと思います。

ただし恋をするといっても、若い頃のようにガンガン行動に移すのは賛成できません。見た目や下心だけなんていうのも言語道断です。

人間性や生き方など内面を見て、失礼のないように慎ましやかに接する。相手の反応をうかがいながら、できればそれとなく好意を伝える。受け入れてもらえそうなら、思いきってつき合ってみる……。

高齢者になってからは、清潔で品のある恋心を持つことが大事だと思います。

もっとも配偶者がいるなら、それなりのマナーは不可欠です。あからさまな好意は控える、二人きりで会わないなど、パートナーを不愉快にさせないよう配慮しなければいけません。

中には燃え上がる恋心を抑え切れず、不倫関係になってしまう人もいるようですが、あまりおすすめできません。不倫の代償は高くつきますし、身勝手な恋愛に突っ走る高齢者の姿はみっともないのひと言に尽きます。

破滅的な恋愛が美しいのは、あくまで小説や映画だけの話。老いらくの恋は理性的に、節度をもって楽しむのが鉄則です。

積極的に恋をしよう。
清潔で品のある恋愛は
老いてこそ楽しめます。
ただし、パートナーへのマナーは忘れずに。

「一人きりの時間」が自分を癒す

「年寄りは孤独に耐えるもの」と言いましたが、本音を言えば、私は少しばかりさみしがりや（笑）。一人でいるのがあまり好きではありません。

よく一人きりで飲んだり、旅行したり、映画を観たりする人を見かけますが、「へえ、一人かぁ……」と思ってしまいます。

一人で楽しむのも悪くないのかもしれませんが、食事や旅行は親しい人といっしょのほうがやっぱり楽しいと感じます。

最近は社会から孤立してしまう独居老人が増えていると言われますが、誰とも関わりを持たず孤立して暮らすなんて、私にはとても考えられません。

一人がいけないとは思いませんし、群れているのがいいとも思いませんが、本当は「誰かといたい」「関わりたい」という欲求があるのにフタをしてしまうと、かえってストレスがたまり、耐えがたい孤独に襲われることになりかねません。

街中や電車の中で、ときおりキレる老人や怒鳴りまくる高齢者を見かけますが、こういうのもおそらく孤独の裏返しです。

人間関係がうまくいかず、孤独に陥ってストレスを抱えた結果、自分を抑えられず暴走してしまうのです。

こういうことにならないためには、ほどよく人とつき合うすべを心得、ひとりぼっちになり過ぎないことも大事ではないでしょうか。

もっとも、ひとりぼっちはイヤだなと思う反面、一人になるとホッとしている自分に気づくこともあります。

家族が留守で一人で食事をするとき、テレビやパソコンを見ながら、好きなものを好きなペースで食べたり飲んだりする。誰にも何も言われずたった一人で悠々と過ごす。こういう時間がこの上なく楽しいと感じることがあるのです。

こういう時間を経験すると、一人も悪くないなという気になります。

みんなでいるのもいいけれど、一人の時間もとてもいい。こういう孤独の時間なら、むしろすすんで持つようにしたほうがいいとさえ思えてきます。

一人でいる時間をていねいに過ごす。一人きりの時間を楽しく遊ぶ習慣をつける。

孤独に耐えるには、一人の時間をただ黙々とやり過ごすのではなく、自分だけの時間の中で、自分自身を大いにくつろがせてあげることが大事なのかもしれません。

孤独の時間は、
自分をくつろがせてあげる大事な時間。
けれど、ひとりぼっちに
なり過ぎないように。
他人とのほどよい距離を
自分なりに探しましょう。

第二章

自然体で老いてみよう

「未来を見つめる力」のある人は老いぼれない

「のどけさや　願うことなき　初詣」

初詣の願い事が何一つないほど、私の心はのどかである。おだやかな老境を謳《うた》った八十代女性の名句ですが、私自身の心境もこれに近いものがあります。

マイペースで仕事ができて、義理でつき合う飲み会もない。休日は仲間とゴルフを楽しみ、時々妻と映画を観て、花見の季節には旧友と酒を飲んで笑い合う。

これ以上何を神様にお願いすることがあろうか。もういつお迎えが来ても思い残すことはない。大げさでもなんでもなく、心底そう思っています。

しかし一方で、残された時間をどう生きるか、前向きに考えることも大切にしています。先は短くとも、未来を見つめたほうが想像力や思考力が働き、認知症を防いでイキイキ生きられる。そんな気がするからです。

年寄りはよく過去の話をします。来し方を懐かしんだり後悔したりするばかりで、先のことはあまり話題にしません。先々を考える力が衰えるのは、年をとればある程度はいたしかたないのかもしれませんが、衰えるにまかせていれば思考力も想像力も低下します。認知症傾向が進むことも考えられます。

加齢に抗《あらが》うことはできないにしても、命ある限り未来を見つめる力を持ち続けたほうが、最後まで自分らしく、満足して生きられるのではないでしょうか。

心理学者のアドラーは「人はいつでも変われる。幸せになれる。そのために大事なのは過去ではなく未来を見つめることだ」と言っています。

常に未来に目を向け、「自分はこうなりたい」ということを考える。過去はあれこれ振り返らない。アドラーの教えは、ともすれば過去にすがってしまいがちな高齢者にこそ不可欠ではないでしょうか。

特に男性は過去の功績にこだわりがちです。「こんなにすごい仕事をした」「有名企業のこんな役職に就いた」など、過去の栄光にすがりつく人も少なくありません。

しかしどれほど華やかだろうと、それらはすでに終わったこと。これからを生きる上で多少の影響はあれど、結局「それが何か?」程度の話でしかありません。過去に引きずられることは、自分を老いぼれさせるだけで何のメリットもないのです。

したがって、老いぼれたくなければ先を見るようにする。七十代なら八十になった自分、八十代なら九十になった自分に想像を巡らせる。漠然と「もう先がない」ではなく、老後を具体的に思い描いてみることが大事です。

そのためには、何かしら夢や目標を持つといいと思います。

英会話をマスターして外国人と話してみる、ピアノを習って演奏会に出る、千メートルを目標に水泳を始める。目標を立てて何かにチャレンジすれば、おのずと過去ではなく前を向くようになるはずです。

過去の栄光は、
「すでに終わったこと」。
小さな夢や目標を持ち、
日々前を向いて生きましょう。

「計画主義」で老後の人生に備えよう

夢や目標を持つことは、人生を「計画的に生きる」ということでもあります。事の軽重を考えて、計画的に物事を遂行する。私はこれを「計画主義」と名付け、現役の頃から限られた時間を有効に使う方法として重視してきましたが、計画主義で一番大事なのは、一度立てた計画を修正することです。

計画を立てることももちろん大事ですが、状況に合わせてその都度変えていくのが計画主義の肝《きも》。いったん決めたことに固執《こしつ》せず、「決めては変える、決めては変える」の繰り返しを柔軟に行うことが重要です。

何かするならただがむしゃらに突き進むのではなく、「もうちょっとこうしたほうがいいかな」など、計画を振り返りながら進めることをおすすめします。

そのほうがムダや無理が省かれ、焦ることなく、安定的に物事を進めることができると思います。老後の人生も、計画主義で考えてみるといいでしょう。

たとえば七十で特に病気もなく元気なら、「まあ八十までは何とかこれくらいやれるだろう」と見当をつける。それをもとに「これから三年間にこういうことを進めてみよう」「そのためには一年間にこれくらいをやってみよう」と計画を立てる。

仮に七十代半ばで体調を崩し、今の状態では八十まで元気でいられるかわからないとなったら、覚悟を決めて目標を下方修正する。年間目標も見直して、無理のない内容ややり方を考える。

逆に八十近くなっても元気なら、九十までいくことを視野に入れて目標設定を変えてみる。体力と相談しながら、ちょっと大胆な目標に挑戦することも考えてみる。

私は現役時代、ビジネスでは「長期のビジョン・中期の計画」が大事だと常々言ってきましたが、老後の人生設計も同じことが言えるのではないでしょうか。

こうして修正を重ねながら年をとると、「あれをやっておくんだった」「これもしておけばよかった」という心残りを最小限に抑えられます。心残りが少なくなれば、残された時間を安心して楽に過ごすことができます。

老後を考えていくとやがて死に突き当たります。計画を立てるということは、衰えゆく自分を否応なく意識させられることでもあります。人間誰しも老いや死について考えるのはイヤなものかもしれません。

でも死は誰にも等しく訪れるもの。年寄りだから向き合うのではなく、誰もが死を意識し、限りある命の中で何をなせばよいのかを真剣に考えるべきです。死に近づいてから死に向き合うのでは、本来ならば遅すぎます。

中には自分が死ぬことを想像すらできず、医療による延命ばかりを考える年寄りもいるようですが、それで真に充実した人生と言えるのか。人生に対する覚悟が欠落していると言わざるを得ません。

死から逆算した人生計画を立てる。
そして計画を
「決めては変える」を繰り返し、
軌道修正していく。
「人生の覚悟」はそこから生まれます。

「なんとかなるさ」の覚悟を持とう

夢や目標を持って計画的に生きることは、人生を受け身でなく、意思を持って主体的に生きることにもつながります。

意思を持って主体的に生きられると、ただ漫然と生きるより、人はずっと強くなります。失敗や不安な出来事が起きても、くよくよせず「なんとかなるさ」と前向きになることもできます。

『幸福論』で知られるフランスの哲学者アランは「悲観主義は気分のものであり、楽観主義は意思のものである」と説いていますが、気分ではなく意思で物事を捉えられれば、「なんとかなるさ」という気持ちが生まれ、老いや死に対する不安も少なくなるのではないでしょうか。

たとえば老後が不安だとしたら、その原因はいったい何か考えてみて下さい。

健康かお金か、それとも支えてくれる人がいないことでしょうか。

健康やお金のことは、役所などに相談すればそれなりの方法を探してくれます。生活の立て直し方も教えてくれます。身寄りがないならないなりに、孤独死せずに済む方法はいくらだってあります。

こうやって「意思」で考えると、不安の正体が見えてきて、すべて解消されないまでも心がいくらか落ち着いてきませんか。

最近は「下流老人」や「老後破産」など高齢者の心をざわつかせる言葉も流布していますが、こうしたワードに気分だけで反応せず、調べるなり相談するなり意思をもって対処すれば、「いざとなったらなんとかなる」と思えてくるはずです。

私はどちらかと言えば楽天的で、老いや死への不安はほとんどありませんが、思えばそれは多くの逆境があったからかもしれません。

父親のいない貧しい家庭で育ち、最初に授かった長男は障がいを持って生まれ、妻はうつ病を患い自殺未遂を繰り返しました。おまけに死に物狂いで戦った出世競争に敗れ、子会社への左遷を余儀なくさせられました。

「なんで自分が」「どうしてこんな目に」と思ったこともありましたが、「何とかするしかない」と対処するうち、「なんとかなる」と考えられるようになりました。逆境が否応なしに意思の力を育んでくれたのです。

これらの逆境がなかったら、私も漫然と人生を生きて、意思も主体性もない覚悟のない老人になっていたかもしれません。

私の実家はそこそこ裕福でしたから、父が病死しなければ貧困に陥ることもなく、苦労知らずのお坊ちゃんのままわがままな人生を送り、老後の不安にジタバタしていたかもしれません。逆境のおかげで怖いものなしになったと思えば、今では感謝したいくらいです。

年をとったら、
「気分」ではなく「意思」で生きる。
そうすれば
「いざとなれば野垂れ死にさ」と
笑えるようになるでしょう。

「若々しさ」なんていらない

最近は若々しい高齢者が多くなりました。サプリメントのCMなどに影響されて、「若くあらねば」と思い込んでいる人も少なくないかもしれません。でも、「常に若々しく」なんて考える必要はないと思います。若々しくいたいのならそれはそれでかまいませんが、みんながそれを目ざすべきだとは思いません。

大事なのは、その人らしく自然体でいること。若作りしようとがんばるより、自然体で年をとるのが一番ではないでしょうか。

若作りするということは、いわば自然に逆らうということです。年齢とともにやって来る老いや死を自ら拒むことでもあります。こういうことを繰り返していると、かえって老いや死への恐怖が増しかねません。

一方自然体で年をとれば、老いや死がちょっとずつ近づきます。「年をとったな」「やがて死ぬんだな」という感覚に親しみながら、のんびり年を重ねていけば、老いにも死にも自然に慣れることができます。

こうして少しずつ慣れていけば、「怖い」「無念だ」といった気持ちも消えて、「いつお迎えが来てもいい」と死を受け入れられるようになるのではないでしょうか。

私の兄は六十七歳のとき、肺がんで亡くなりました。知らされたときは余命一年、最後まで「まだやりたいことがあるのに」と言い続けながら息を引き取りました。

健診もろくに受けず、健康に無頓着《むとんちゃく》だったことを思えば、自業自得と言われてもいたしかたありませんが、死をおだやかに受け入れられずに逝った兄の心境を思うと、切なさを覚えずにはいられません。

人間誰しもいつか死にます。
ならばゆっくり「死」と親しみながら、
安らかにその日を待ちましょう。
そのためには、
自然に逆らわずに年をとるのが
大事だと思います。

私は「尊厳死」を選ぶことにした

日本人の平均寿命は現在八十歳を超えています。過去最高を更新し、今後さらに伸びることも予測されます。しかし一方で、七十代のはじめで亡くなる人も案外多い気がします。兄も六十七で逝きましたし、中学時代の親友も六十八で亡くなりました。

平均寿命が伸びたと言っても当然個人差はある。そう思うと現実的な死について考えざるを得なくなります。

私の場合、すでに尊厳死協会に入会し、命の末期を迎えたら延命措置を控え、緩和に重点を置く医療に最善を尽くしてもらうよう決めています。人工呼吸器や胃瘻《いろう》は装着せず、自然に近いかたちで死ぬのが一番と判断したのです。

これを決めた理由は母の死でした。母は最後、認知症と糖尿病を患っていました。自力で食事できず、胃瘻によって栄養を取り入れる状態になりましたが、息苦しそうに長らえている様子は痛々しい以外のなにものでもありませんでした。

一日でも長く生きていてほしいという兄弟の意向を尊重しましたが、回復の見込みのない人間を無理に生かすことが果たしていいことなのか。少なくとも私自身は、母のような延命だけは避けたいと痛感したのです。

最近は安楽死も話題に上がります。苦しみ続けるくらいならいっそ安楽死させてほしいと考える老人も少なくないと言われます。その気持ちも、わからなくはありません。しかし、安楽死は必ずしも合理的にできるとは限りません。本人以外の人間の意思が働けば、殺人事件にもなりかねません。

心情的には賛成でも、理性的に考えれば避けたほうがいい。安楽死に関しては、今の日本社会ではそう言わざるを得ない状況なのかもしれません。

自然に近いかたちで
死ねるとは限りません。
「その日」を今から考え、そして
「尊厳死」という選択肢も
あることを知っておきましょう。

死ぬことを理屈で考えすぎない

安楽死を望む気持ちがわかると言いましたが、だからといって、病身を苦に自殺しても構わないとは決して思いません。

かつて評論家の江藤淳《じゅん》氏が心身の不自由を苦に手首を切って自殺をしました。最近では同じく評論家の西部邁《すすむ》氏が多摩川で入水自殺しました。

西部氏も晩年は体調を崩し、自力で執筆できなかったと言われますが、二人とも果たして自死を選ぶのが最良の選択であったのか、私にとっては甚だ疑問です。

人間老いればどこかしら悪くすることもあります。医者や病院の世話にならざるを得ないこともあります。痛みに耐えながらのリハビリや通院は、つらいことも少なくないかもしれません。

でも病と戦うのは人間の運命でもあります。回復に向けて精一杯努力するのは、人間のみならずすべての生物が自然にやっていることです。しんどいから命を絶ってしまおうと考えるのはきわめて不自然ではないでしょうか。

手足の自由が効かず、呼吸もできなくなり、瀕死の状態であるものを無理矢理生かすのがいいとは言いません。しかしがんばればまだ自力で生きられるものを、「病院で死にたくない」「死に時を自分で選びたい」と言って自殺してしまうのは、人間本来の自然な感性を失ってしまったとしか思えません。

優れた論客であっただけに、彼らは死を理屈で考えすぎてしまい、全身を理屈に蝕まれて自死に至ったのではないか。そう思うと、死を理屈で考えすぎることの怖さを思わずにはいられません。

自殺した彼らの背景にどのような事情があるのか私にはわかりません。私には理解できないような、のっぴきならない問題があったのかもしれません。

しかしいかなる事情があろうと、与えられた運命を受け入れ、その環境の中でベストを尽くすのが人間が本来すべきこと。老いさらばえようと病身になろうと、それは変わらないのではないでしょうか。

世の中には、奥さんの死などをきっかけに生きる気力を失ってしまう男性がたくさんいます。自殺しないまでも、完全に打ちのめされて後追い自殺しかねない精神状態になってしまうケースも少なくはありません。

それに対し、女性は連れ合いを亡くして自殺してしまうなんてことはありません。深く悲しむことがあってもやがて前を向き、夫のぶんまで懸命に生きようと努力します。

こうした女性の生き方を、男性陣は謙虚に見習うべきです。

病と戦うのは、人間の運命。
老いさらばえて死んでいくのは、
生き物として当然の道。
与えられた運命の中で
ベストを尽くしましょう。

お墓は「残された人たちの都合」を最優先にする

延命治療と並んで、お墓について考えておくのも大事です。
ただしこちらは延命治療と違い、自分より「参拝者」を中心に考えるべきです。何しろお墓は残された人たちが守るもの。死んでいく本人より、残された人たちの都合を最優先にしたほうがいいに決まっています。

したがって、お墓については基本子どもたちに任せていますが、最近はお墓事情も様変わりし、少々面食らってしまうことも少なくありません。

娘の勧めで、娘婿の家の代々のお墓があるというお寺を見に行ったときのことです。住職に「お墓を買うことを考えている」と伝えると、私の住所や職業などを尋ねながらも「お墓を買うのはあまりおすすめしません」と言います。理由を尋ねると、

「最近は管理費を払うのもお墓の手入れをするのも、できればやりたくないという人が増えています。連絡がとれなくなる人も少なくありません。かと言ってお骨を処分してしまうわけにもいかず寺としても閉口しています。お互いムダなお金は使わないほうがいいのではないでしょうか」と言うのです。

少子高齢化社会にあっては、寺の墓苑が廃るのもいたしかたなしかと納得しましたが、さりとて今流行りのマンションタイプの納骨堂にも抵抗を感じなくもありません。

「うちの近くに、ボタンを押すとクルッと回って出てくる（自動搬送式）のがあるよ。安いし便利だし。これなんかどうかな（笑）」

娘がそんな話をしてきたこともありますが、本音を言えば、いささか情緒に欠けるのではないかという気がします。

そもそも墓参というのは、墓に向かって「あの人はこうだったね」「こんなこともあったね」など故人をしみじみ偲ぶもの。人工的なライトアップなどは、何だかそぐわないように感じられます。

もっとも最初に述べたように、お墓は残された人たちが供養に訪れるための場所。機械的だろうと人工的だろうと十分供養できるというなら問題なし。マンションタイプがイヤだと文句を言うつもりはありません（笑）。

最近は樹木葬や散骨などを選ぶ人も増えているようですが、参拝者が供養するという意味で言えば、あまり相応《ふさわ》しくないように思えます。

何しろ自然に返ってしまうのですから、何のかたちもなくなってしまいます。手を合わせる対象もありません。かたちにこだわる必要もないのでしょうが、供養する人からしたら戸惑うこともあるのではないでしょうか。

人間死ねばすべて終わりです。跡形もなく自然に返るのも道理ですが、家族にとってはそういうわけにいかないかもしれません。家族でよく話し合い、残された人たちに負担のない方法を考えたいものです。

お墓は自分よりも
残された人たちの都合を優先するべき。
でも、本音はしっかりと
伝えておきましょう。

お葬式という「別れの時間」をないがしろにしない

近年はお葬式も簡素化されています。身内だけで葬儀を行う家族葬や、通夜や告別式をしない直葬もだいぶ一般的になりました。家族だけで見送りたい。お金や手間をなるべくかけたくない。そう考える人が増えてきたということなのでしょう。

でも、私は簡単すぎるお葬式には賛成できません。

お葬式というのは、家族だけでなく生前つき合っていた人のためにするものです。故人を悼《いた》むすべての人がお別れをするための場です。

いわばお葬式は、最後の別れを惜しむ厳《おごそ》かな時間。そんなお葬式を簡素に済ませてしまうのは、あまりにも残念なことではないでしょうか。

何もお金をかけて派手にやる必要はありません。大勢が集まらなくたって構いません。質素でも小規模でも、故人と仲のよかった人が集い心温まるお見送りをする。せめてそのくらいのお葬式をすべきだと思うのです。

中学時代の親友が亡くなったときのことです。

彼は病気で入院していましたが、そのことをあえて私には知らせませんでした。忙しいのに迷惑をかけたくない。私に対する彼なりの配慮だったと思います。

そのことには合点がいきましたが、なんと死の連絡を受けたのは、すでに彼が埋葬されたあとでした。生前の社会的な地位や立場を考えれば、関係者を呼びそれなりのお葬式をすべきだったのに、遺族は身内だけで済ませてしまったのです。

これには私も他の友人たちも愕然《がくぜん》としてしまいました。彼はわれわれの仲間うちでは中心人物でした。面倒見がよく人望も厚く、誰もが彼を慕い、彼の死を深く悲しんでいました。

しかし、みんなで死を悼もうにも遺骨も遺影もありません。いったいどうやって彼を見送ればいいのか。私たちは憤懣《ふんまん》やる方なく、それぞれが心密かに彼とお別れするしかありませんでした。

この経験から私は「たとえ小さくともお葬式はすべき」「お葬式という別れの時間をないがしろにしてはいけない」と考えるようになったのです。

ちなみにお葬式については「誰を呼ぶか」「遺影は何を使うか」などを決めておいたほうがいいと言われますが、私はすべてパソコンに残しています。

参列者リストを作成しているわけではありませんが、親しくしている人はパソコンのメールアドレスを見ればわかります。遺影に使えそうな写真もデータとして保管してあります。

幸い私には著書もありますので、書いた本やパソコンのデータを見ればたいていのことはわかります。流行りのエンディングノートを作らなくても、これで十分だと考えています。

お葬式は遺族だけのものでは
ありません。
故人の死を悼むすべての人の
お別れの時間です。
だからたとえ小さくとも、
しっかりと心のこもった
お葬式にしましょう。

『7つの習慣』から学んだ「自己愛」の大切さ

毎年花見の季節になると、中学時代の仲間で集まります。桜を眺めながら、みんなで食事を楽しみます。そのとき友人の一人が、私にこんなことを言いました。

「佐々木、お前が一番幸せそうだな。健康そうだし、仕事もあるし、友だちも多いし。しかもみんなに好かれているじゃないか」

この時期私は花粉症がひどく、内心（花粉症がつらいんだけどね）と思いつつ、彼にこう返事しました。

「だって、そういう生活を心がけてきたんだもの。別におれが特別だというわけじゃない。やろうと思えば誰だってやれる。幸せになりたかったら、みんなもそうすればいいんだよ」

何気なく出た言葉でしたが、これは七十年あまりを生きてきた私の実感です。

幸せになるというのは、特別むずかしいことじゃありません。「自分を幸せにするぞ」という自己愛にしたがって行動すれば、本当は誰だって幸せになれます。ところが多くの人が失敗します。幸せになるはずが逆に不幸になってしまいます。いったいなぜかと言えば、「自己愛」ではなく「自己中心」で行動しているからです。

自己中心に振る舞えば、当然人から嫌われます。他人をないがしろにすれば周囲から相手にされなくなります。こうなったら幸せでもなんでもありません。最初はよくても結局不幸な老後が待ち受けています。

一方自己愛は短絡的な自己中とは異なります。自分より他人をまず優先する、個人的な欲求より周囲への貢献を考える。そうすれば周囲から好かれます。おのずと磨かれ成長もできます。こうして自らを幸せへと導いてくれるのが私の言う自己愛です。

つまり「私が私が」という気持ちを少しだけ抑え、まずは相手に「どうぞ」と道を譲る。自分が困らない範囲で他人に尽くし貢献する。簡単に言うと、こういう心がけが自己愛を極める＝幸せな老後を送るコツなのです。

私はこの考え方をスティーブン・R・コヴィー氏の『7つの習慣』から学びました。ご存じの方もいると思いますが、コヴィー氏は経営管理の専門家です。この本も優れたリーダーの育成を目的に書かれましたが、老後の人生を生き抜く知恵としてもたいへん役立ちます。参考までに7つの習慣を上げてみましょう。

1）人生を主体的に生きなさい
2）目標を持ちなさい
3）何が重要かを考えなさい
4）自利他利円満でいきなさい
5）理解してもらう前に相手を理解しなさい
6）お互いのためになることを考えなさい
7）よい習慣を身につけなさい

この七つがバランスよくとれてこそ人は幸せになれる。コヴィー氏はそう説いているわけです。

ちなみにコヴィー氏には九人の子どもと三十六人の孫がいます。その一人一人とフェイストゥフェイスで向き合い、全員を立派な社会人に育て上げました。そして組織において大成功を遂げたにもかかわらず、彼は堂々とこう言ってのけます。

「組織での成功なんて二の次だ。私の人生の誇りは子どもや孫たちである。彼らと向き合い、彼らに慕われることが最高の幸せなのだ」

仕事のために家族を犠牲にする日本のトップとは正反対。驚くと同時に、私はこの言葉に深く感銘を受けたのでした。

彼にはとうてい及ばずとも、7つの習慣を心がけることで家族から慕われ最高の老後が得られるなら、マネしてみる価値はあるはず。私もコヴィーさんになって愛されるおじいちゃんを目指したいと思っています（笑）。

楽しい老後を迎えたいなら
「自己愛」を極めましょう。
我を抑えて家族や周囲の人を優先し、
理解する。
そうすれば、周囲から慕われ愛される、
素晴らしい老後となるでしょう。

「知行合一」で本当の自分に戻る

私は何もできた老人になれと言いたいのでも、多くの人から慕われる人格者になれと言いたいのでもありません。怒りっぽいなら怒りっぽいなりに、人付き合いが苦手なら苦手なりに、その人らしくあって構わない。

ただ一点、自己愛すなわち「幸せになる」という志を、心のどこかにとどめておいてほしいのです。

心の中に自己愛があれば、どんな人でもありのままで周囲から受け入れてもらうことができる。すなわち「自然体」で生きられる。そう思うのです。

私は現役時代から、常々部下にこう話していました。

「ビジネスマンはこうあらねば」「リーダーたる者こうでなければ」なんて考える必要はない。格好つけて演技したり、ウケをねらっていい人ぶらなくたっていい。演技したって周囲はみなお見通しなんだから、あるがまんまでいればいい。

そうやって自分らしく素直に生きたほうが、仕事も人生もうまくいくものなのです。

ビジネスの現場では強気に出たりへりくだるなど、不本意な行動を強いられることがたくさんあります。不条理が当たり前の会社組織で生きていれば、ありのままどころか、鎧を着けて生きざるを得ないのも事実です。

長年そんな生活を続けていれば、自分らしさがわからなくなってしまうのも当たり前。何が幸せなのかもわからない。自己愛と言われてもピンと来ない。そんな高齢者もきっと数え切れないほどいることでしょう。

そういう人こそ、自由の身となったこの老後の時間を、自然体を取り戻すために使ってはどうでしょう。

頭の中で作り上げた自己像ではなく、本来の自分に戻って好きに生きる。やりたいように思いきりやる。自己中ではなく自己愛で生きれば、きっと誰もが幸せな、最高の老後を送れるはずです。

もっともどんな教えも実践しなければ意味がありません。方法がわかっても行動に移さなければ何もわかっていないのと同じことです。

そこで重要になるのが「知行合一」。どんな知恵も実践するためにあり、自分なりに解釈して行動して初めてその知恵を知ったことになる、という陽明学の言葉です。

たいていの人は本を読んでも講演を聞いても「いい話を聞いた」で終わりです。知識や情報を頭に入れて学んだ気になっています。でも、ただ聞いて終わりでは本当に学んだことにはなりません。

聞いたことを行動に生かし、自分を変えるなり成長させるなりして初めて学んだと言えます。この「学ぶ力」がつけば、幸せになることなんて簡単なのです。

何かを知ったら、
「なるほど」で終わらせてはいけません。
今すぐにでもできることを、
行動に移してみて下さい。
それができれば、
幸せな老後はすぐそこです。

第三章

死ぬまで楽しく働こう

「自分磨き」はもういらない

働くとは、人や社会への貢献を通して自らを磨くこと。長いビジネスマン人生を経て、私はそう確信するに至りました。

しかし、高齢になったらもう「自分磨き」はいりません。マイペースで生きる歓びにつながる働き方をする。これが高齢者の働き方の基本だと私は考えています。

中には、年をとっても現役ばりに働こうとする人もいます。がむしゃらにやれば、若手と変わらない仕事ぶりを発揮できると考える人もいるかもしれません。

しかし多くの場合、どれほどがんばっても若い頃と同じ仕事ぶりを期待することはできません。高齢になればなるほど、人間の成長角度は小さくなっていくからです。

成長角度がもっとも大きいのは二、三十代です。でも、実際に私が一番伸びたと感じたのは四、五十代です。何しろ二、三十代というのは、勢いはあるもののムダも少なくありません。成長角度は劣っても効率よく働くすべを身につけた四、五十代のほうが、ビジネスマンとしての成長が著しいのです。

ただし残念ながら、ここをピークに成長角度はしだいに小さくなります。個人差はあるにしろ、六十を超えれば気力体力ともに確実に衰えが出始めます。

華々しい成果を収めた人ほど「まだやれる」と思ってしまいがちですが、そこは謙虚になって、「もう五十代の頃のようにはいかない」と切り替えることが必要です。

とは言え、六十代を迎えたら成長が止まってしまうわけではありません。成長角度が小さくなるだけで、人は死ぬまで成長します。つまり目標を持って生きる限り、五十代よりも六十代、六十代よりも七十代と、人としてのレベルは上がり続けるのです。

高齢になったら、自分らしく、
がんばりすぎない働き方がベスト。
むりのない目標を胸に、
人としてのレベルを上げましょう。

働くことに勝る生きがいはない

定年後は働かず、趣味や旅行を楽しみながら、悠々自適で過ごしたい。そう望んでいる人も多いかもしれません。

でも、私は健康である限り、人は死ぬまで働き続けるほうがいいと思っています。というのも、人間にとって働くことに勝る生きがいはないからです。

もちろん、趣味や旅行が悪いとは言いません。私自身定期的にゴルフを楽しみますし、妻といっしょに映画や旅行にも出かけます。どちらかと言えば、積極的に遊びを楽しむほうかもしれません。

しかしどんなに楽しくても、飽きずに楽しみ続けることはできません。一週間働くからこそ日曜日が楽しいように、趣味も遊びも仕事があるからこそ楽しいと思えるのではないでしょうか。

ロバート・デ・ニーロ、アン・ハサウェイ主演の映画『マイ・インターン』の冒頭に、このことを示す象徴的なシーンがあります。

デ・ニーロ扮するベンは妻に先立たれた七十歳の男性。リタイアしたベンは観劇や旅行を積極的に楽しもうとしますが、何をやっても虚しい思いが拭えません。そこでベンは充実感を取り戻すにはやっぱり仕事しかないと、七十歳にして再就職に挑みます。

このベンの行動が、働くことの重要性を如実に物語っているような気がするのです。

と言っても、ベンは新たな職場で要職を任せられるわけではありません。部長職まで経験した身でありながら、させられるのは若い社員たちからふられる雑務ばかり。おまけに仕事とは無関係な、男性社員の恋愛相談の相手までさせられます。

ところが、ベンにとってはそれさえもやりがいです。組織の役に立つならとどんなことも明るく謙虚に引き受けるうち、彼はやがて職場の人気者になっていく。こうしてベンは、ふたたびイキイキとした人生を取り戻していくのです。

こうしたやりがいは、趣味や遊びでは得られません。「生きがいになるほどの趣味がある」という人もいるかもしれませんが、人や社会の役に立つこと以上の充実感を果たして得られるでしょうか。

最初に述べたように、高齢者の働く基本はマイペースです。不愉快なことをイヤイヤ引き受けたり、老体に鞭打つような無理はいけません。

でも、そうでないなら多少面白くないことがあっても、ベンのように組織の役に立つことを楽しむような気持ちを持って、何らかの仕事をしたほうがいいと思います。

周囲から喜ばれ、自らもやりがいが感じられる働き方をすれば、悠々自適では得られない極上の果実が得られるはず。それほどに労働とは、人間にとってかけがえがないものなのです。

「悠々自適」なんてもったいない。
仕事があるからこそ、
趣味も遊びも楽しめるのです。

人生経験は「さりげなく」使おう

定年後も人の役に立つことを楽しんで働く。これには守るべき大切なポイントがあります。

それは自分のボスを徹底的にリスペクトすること。年下であろうと、あるいは女性であろうと、部下として礼儀正しく振る舞うことです。

「そんなの当たり前じゃないか」と思うかもしれません。でも、人は得てして年少者を下に見てしまいがちです。男性の場合、女性の上司に対して無意識に「なんだ、女か」という目で見てしまうことも十分考えられます。

経験値が災いして、若い人たちについ上から目線で振る舞う可能性も、高齢者の場合考えられなくはありません。そうなれば、人の役に立つどころかかえって人の邪魔になりかねません。

そうならないためには、年齢も経歴も奥に引っ込めて、「たとえ相手が誰であろうと、ボスのために仕えよう」という謙虚な気持ちを持つことが大切です。

前述した映画『マイ・インターン』では、ベンは最初のうち、四十も年下のボスである女社長のジュールズ（アン・ハサウェイ）から冷ややかな扱いを受けます。ジュールズはＳＮＳも満足に使いこなせないベンを年寄り扱いし、「あなたに任せる仕事はない」とまで言い放ちます。

ところがベンはそんな扱いを受けても、ジュールズに対してひたすら礼儀正しく振る舞います。ようやく与えられた雑務を全力でこなし、必死にパソコンを覚えながら、ジュールズが帰るまで帰宅せず待機し続けます。

少しくらいイヤな思いをしても、ボスのために全力で尽くす。ベンはベンなりに、できることをやろうとするのです。

するとしだいに、ジュールズの態度が変わり始めます。困っていることを相談し、悩みを打ち明けるようになります。ベンは黙って悩みを聴き、寄り添って励まし、ジュールズが前向きになるための的確なアドバイスを送ります。

こうしてベンはジュールズからも職場からも、絶大な信頼を得るに至ります。

ベンの「役に立ちたい」という思いが、リターンとして返ってきたわけです。

もっともベンがジュールズの役に立てたのは、彼の豊富な人生経験があったからです。長年の知恵があればこそ、ボスのピンチを手助けできたわけです。

でも、ベンは決して経験をひけらかすようなまねはしません。自らの経験などいっさい語らず、ただただ若いボスに寄り添って力を惜しまない。人生経験というのは、このように役立てるべきではないでしょうか。

ふだんはそっと奥にしまっておいて、ここぞというときにさりげなく使う。人生経験という強みは、そんなふうに使うのが望ましいと思います。

上から目線ほど、
邪魔なものはありません。
経験をひけらかさず、
ここぞというときに知恵でそっと、
支えましょう。

定年後の仕事は「少しでも稼げればそれでよし」

高齢で働く場合、「少しでも稼げればそれでよし」と考えるのが大事です。

何しろ若い頃と違って無理がききません。「とにかくたくさん稼がなくてはならない」という人もいるかもしれませんが、どんな事情があるにしろ、健康は金銭に勝る財産と心得て、金銭の多寡にとらわれ過ぎない働き方をしたほうがいいのです。

ただ、せっかく働くなら収入は多いにこしたことはありません。

もっとも効率よく稼げるのは、何と言っても長年培ったスキルを生かせる場所で働くこと。つまり定年後も同じ会社で働くのが、一番楽に稼げるということになります。

とは言え再雇用になると当然給料は下がります。通常の会社だと、これまでもらっていた給料の三分の一くらいになってしまいます。

そのため「なんだ、こんなに少なくなってしまうのか」とガッカリしてしまい、「もっともらえるところもあるのではないか」「別の会社を探したほうがいいのではないか」と考えることもあると思います。

三分の一がせめて三分の二くらいにならないものか。そう計算して、別の会社に勤めたほうがいいのではないかと思ってしまうのです。

でも、考えてもみて下さい。別の会社に行けば、仕事のやり方も人間関係も一から勉強し直し、作り直しです。

一方これまで所属していた会社なら、仕事のやり方も人間関係も熟知しています。能力やスキルも発揮しやすくなります。自分の実績や人柄を知っている人も多いので、よけいなストレスを抱えずに済みます。

お金をとるか、働きやすさをとるか。高齢の身を考えれば、後者のほうが賢い選択と言えるのではないでしょうか。

中には「それでも給料が多いほうがいい」と考える人もいるでしょう。多少無理をしてでも、自分を高く評価してくれるほうを選びたい。そう思う気持ちもわからないではありません。

しかし万が一ストレスが高じて体調を崩し、入院しなければならないような事態にでもなれば、せっかく稼いだお金も医療費に消えてしまいます。そうしたリスクを回避しながら働くことが、もっともリターンの多い働き方ということになるわけです。

ただ、「定年」というのはあくまで会社の都合で決められた概念です。ビジネスマンとしての価値が、定年という線引きによって下がってしまうわけではありません。

正社員から嘱託社員になると、給料が減って役職もなくなるため、「もう自分は役に立たなくなったも同然」「お情けで雇ってもらっている」とうしろめたく感じてしまう人もいるかもしれませんが、そんなふうに考える必要はないのです。

定年後の仕事は
「働きやすさ」を最優先しましょう。
給料が下がったとしても、
ビジネスマンとしての
価値は下がりません。

再就職はプライドより「効率」を重視せよ

再雇用などで働く場合、「昔の部下の下で働きたくない」「年下の上司に仕えるのはイヤだ」と言う人がいます。現役時代のプライドが邪魔して、新たな働き方への切り替えができない。年齢にとらわれる人の典型です。

どう考えるかは人それぞれですから、「部下の下で働くのはどうしてもガマンならない」と言うなら、別の職場を選ぶのも考え方の一つ。新しい人間関係や条件を求めて転職するのが悪いとは言いません。

ただ私の経験から言うと、何らかの不満を抱えての転職はあまりおすすめできません。私の知人にも何人か転職した人がいますが、たいていはしばらくいると、同じような不満を感じてまた転職します。大したメリットもないまま、どんどん転職を繰り返すのです。

むろん成功例がないわけではありませんが、それはあくまで経営者レベルなど一握りの話。多くは「転職しなければよかった」となるのが現実です。

よほどの苦痛でもない限り、よけいなプライドは捨てて、楽に働けることを重視するほうがトクなのです。

会社組織で働いていると、どうしても上下関係を気にしがちになります。人間関係というものを上下、つまりタテでとらえるようになります。長年サラリーマンをしていれば、部下の下で働くことに抵抗を覚えるのも無理からぬことかもしれません。

でも、タテではなくヨコで人間関係を見れば、仕事はずっと楽しくなります。組織の力も絆も強くなります。

たとえば私は三十歳の頃からずっと、上司も部下も「さん」付けで呼ぶようにしていました。

私より年下でも優れたところがある。私のほうが年下でも得意なことがある。

そのことを踏まえ、部下でも呼び捨てにせず「〇〇さん」、上司も「〇〇部長」と呼ばずに「〇〇さん」と呼び、人間関係をヨコで考えるようにしていました。

このことを上司がどう思っていたかはわかりませんが、少なくとも私自身は、上司をリスペクトしながらもおもねることなく、一ビジネスマンとして緊張感のある仕事ができました。なので、上司が気を悪くするようなこともなかったと思います。

一方部下に関しては、間違いなく前向きな変化が見られました。「さん」付けで呼ばれることで自分が認められていると感じ、仕事に対するやる気が俄然アップし、組織への貢献度が高まったのです。

ですから、もしも再雇用で部下や年下の上司の下につくなら、礼儀正しく「〇〇さん」と呼ぶといいと思います。先輩ビジネスマンに丁寧に「さん」付けされて喜ばない人はいません。喜ばないまでも、内心悪い気はしないはずです。

年齢にかかわらず、
「タテよりヨコ」で
人間関係を見ましょう。
ビジネスは能力の世界です。
そのほうが再雇用されても、
ストレスが少なく働けます。

「年齢の壁」を恐れるな

雇用延長も再雇用もなく、定年後に新たな職探しをしなければならない人の場合、「年齢」の壁に悩まされるという話をよく聞きます。

たとえば、「自分はずっと営業マンとしてやってきた。経験もスキルも十分ある。それなのに高齢のせいで就職先が見つからない」というようなケースです。

こういう場合、経験やスキルに対するこだわりを思いきって捨て、高齢者を積極採用している会社を探してみるといいと思います。

実際民間企業の中には、進んで高齢者を雇用する会社もあります。すぐに辞めてしまいやすい若者より、忍耐強い高齢者のほうが会社としてはありがたい。こうして高齢者を積極採用した結果、社員の平均年齢が六十代というところもあるようです。

機械的に年齢制限を設ける企業より、こういう企業のほうがずっと働きやすいのではないでしょうか。

ただ、中にはどうしても職種にこだわりたいという人もいるでしょう。長年培った経験やスキルをぜひとも生かして働きたい。切実にそう思うなら、一度断られてもあきらめずに、「面接だけでも受けさせてほしい」あるいは「半年でいいから試しに雇ってみてほしい」と強く願い出てみてはどうでしょうか。

年齢による賃金体系がある企業だと、安く雇える若い人を採りたいため、高齢者は雇えないというところもあります。でもそうでない企業なら、何歳だろうと同一賃金のはずです。だとすれば、高齢でも雇ってもらえる可能性はなくはありません。

「御社でぜひ働かせてほしい」という真摯な気持ちをアピールすれば、「そこまで言うなら」と考える企業もあるはずです。試用で雇うなら企業もリスクを背負わずに済むので、前向きに検討するところもあるのではないでしょうか。

企業の採用ではありませんが、個人の熱意が組織のルールを変えた例がありま す。すでにお話しした、私の娘婿のお母さんの話です。

彼女は六十代のときに北京大学を受験しようとしたところ、書類審査で不合格になりました。理由は六十代という年齢でした。

しかし彼女は門前払いに屈することなく、大学側に手紙を書きました。「なぜ年齢で落とすのでしょう。私は若い人に負けないくらい向学心があります。日中の架け橋になるためにぜひとも貴学で学びたいのです」と。

結果、彼女は北京大学に見事合格を果たしました。情熱が大学側を動かし、年齢制限の壁を打ち破ったのです。

ですからみなさんも、「どうしてもここで働きたい」という会社があるなら、熱意と自信を持って自分を堂々とアピールすべし。年齢に負けないガッツを見せることも、時には大事だと思います。

高齢者を積極雇用している
企業もあります。
ただ、どうしても
職種にこだわるならば
情熱でアピールをしましょう。
門前払いに負けない
粘り強さが大切です。

定年起業するなら「あふれる思い」は捨てなさい

情熱やチャレンジ精神に後押しされて、起業を考える人もいるかもしれません。でも、成功させるにはあふれる思いをぐっと抑え、冷静かつ計画的に物事を進める手腕が求められます。「それなりの経験とお金さえあれば何とか回っていくのではないか」などと甘く考えてはいけません。

定年起業に関して、典型的な成功例と失敗例があります。私の身近な知人です。前者は長かった海外勤務を生かして起業しました。海外関係の顧客に関する知識や情報を豊富に摑《つか》んでいましたが、彼は自らの経験を過信せず、慎重に事を運びました。

自分に何ができるか。世の中のニーズは本当にあるのか。すべてを入念に調べ上げ、退職金に割増のつく五十六歳で退職し、仲間三、四人とともに会社を立ち上げたのです。会社は順調に軌道に乗り、今では約三十人を抱える会社にまで発展しています。

後者は定年退職後の起業です。これだけの資金があれば何とかやれるだろうと、綿密な準備も戦略もないまま会社を立ち上げました。気合いだけは十分でしたが、あれもこれもと欲張った結果、杜撰《ずさん》な仕事の進め方をすることになってしまいました。

経験も豊富で人柄も悪くない人物でしたが、結局退職金を使い果たし、借金を抱えて中断せざるを得なくなってしまったのです。

定年して時間やお金の余裕があると、「何かできるのではないか」と思いがちです。しかし後者のケースからもわかるように、その程度の考えで起業してもうまくはいきません。「定年したら」と悠長に始めるのではなく、定年後を見据えて、計画性と緊張感を持って臨まなければ失敗すると言っても過言ではありません。

定年後起業するなら、
定年前からお金も含め計画した上で、
緊張感を持ちなさい。
「あふれる思い」に、
足元を掬《すく》われないことが重要です。

地域活動で「一目置かれる人」になる

地域活動に従事するのも、重要な労働の一つだと思います。

会社勤めが長いと、地域の人とのつながりが希薄になります。地域活動の意義を理解できないこともあります。ご近所付き合いをずっと奥さん任せにしてきた人の中には、自治会などの活動を軽視している人も少なくないかもしれません。

でも、高齢になったら地域活動を見直し、積極的に参加すべきです。なぜなら高齢になればなるほど、人間関係の核となるのは地域の人々だからです。

定年後は仕事をしていたとしても第一線からは退《しりぞ》くため、若い頃に比べて職場の人間関係が薄れます。会社帰りに飲んで帰る機会も少なくなります。

隣近所や町内会の人々が、もっとも親しい存在になってくるわけです。

中には「ご近所付き合いは苦手だ」「できればコミュニケーションをとりたく

ない」という人もいるかもしれませんが、ものは試しで参加してみましょう。無理のない範囲でお付き合いしたほうが絶対にトクです。

私の義理の兄の話です。

義兄は横浜で団地暮らしをしていました。その団地では自治活動以外にさまざまなサークル活動があり、彼は自治活動にもサークル活動にも熱心に参加していました。

ある晩のこと、義兄は団地内で開催された懇親会で、ご近所仲間とワイワイ楽しく酒を酌み交わしていました。ところが酒宴の真っ最中、義兄は倒れて意識不明になります。救急車で運ばれましたが、そのまま帰らぬ人となってしまいました。

後日団地内で義兄の葬儀が行われましたが、仲間たちが大勢参列してくれたことは言うまでもありません。付き合いでも義理でもなく、本心から彼の死を悼んで足を運び、手を合わせてくれたのです。

参列に訪れてくれた人を見ながら、義姉はしみじみと言っていました。

「あの人は本当に幸せ。たくさんの仲間に囲まれて、大好きだったお酒の場で亡くなって。こんな幸せなことってないじゃないですか」

いかがでしょう？　こういう話を聞くと、地域と関わる大切さが何となくわかりますよね。打算も義理もない地域とのつながりは、老後を支えるかけがえのない財産にもなります。こういう関係性を育む意味でも、地域活動は積極的に行うといいのではないでしょうか。

どう関わったらいいかわからない場合は、ゴミ出しや散歩などでよく見かける人に「こんにちは」とさりげなく挨拶することから始めてもいいかもしれません。

ちょっとした糸口から関係性を作り、仲間とともに何らかの地域活動ができるようになれば、地域から一目置かれるようになるのも夢ではないかもしれません。

遠くの身内より、近くの他人。
ささやかなことでも、
地域活動に
参加して貢献することが、
人生の支えになることだって
あるのです。

地域で「えらそうな老人」になってはいけない

かつて横浜に住んでいた頃、マンション管理組合の役員をしていたことがあります。そこが終の住処になると思っていたので（結局なりませんでしたが）、できるだけ積極的に関わろうと、忙しい合間を縫って参加したのです。

ところが、同じ役員の中にとんでもない人がいました。大手企業の幹部まで務めたという人物ですが、何かと仕切りたがるくせに実務をやろうとしない。えらそうにしているわりにはまとめ役もこなせない。おまけに「おれは◯◯（会社名）の専務にまでなった」と自慢げに言いながら、私の前職や肩書きをしきりに知りたがります。私を含めた役員一同、みなうんざりしてしまいました。

地域活動でこんな態度をとれば間違いなく嫌われます。つながりどころか、みんなに距離を置かれてしまいます。

地域組織では「みんなのためになることを言う人」や「正しいことを言う人」が信頼を得ます。「大企業に勤めていた」「幹部まで上り詰めた」という理由で信頼され、人望を得るなんてことはまずありません。考えてみれば誰だってわかることです。

しかし、長年会社員をしてきた人の中には、このことを理解できず、会社時代の肩書きを引きずったままえらそうに振る舞う人も少なくありません。特に管理職や役員職を勤めていた人は、自分でも気づかないうちに、命令口調や頭ごなしに話す習慣がしみついているかもしれません。

謙虚に自らを省みて、しゃべるより聞く、聞いて相手を理解するというスタンスをとるよう、十分注意する必要があると思います。

老い先短いからと開き直って、
勝手気ままにふるまうのは愚の骨頂。
とにかく謙虚に、
相手の立場を考えて行動したほうが、
人に愛され楽しい人生を
送れることは言うまでもありません。

「昔の自分」に会いに行こう

再就職にも地域活動にもやる気が起きない。のめり込む趣味もない、挑戦してみたい何かも見当たらない。さりとてゴロゴロ毎日を送ることに焦りを感じなくもない。こんな気持ちを持て余している人も、少なくはないかもしれません。

こういう人は、先のことを考えるのを止めて、むしろ過去の自分自身を振り返ってみるといいと思います。

幼い頃何に夢中になっていたか、どんなことが好きだったか、どんな本を読み映画を観たか。自分について客観的に振り返る、つまり人生の棚卸しをしてみるのです。

時間をかけてじっくり考えると、自分が何を好み、何をしたかったのかが少しずつわかります。何気なく過ごしているだけでは見えない何かが、意識的に探すことによって必ず発見できます。

忙しさのせいで忘れていた大切な何かを、時間をかけて取り戻す。これも定年後にしかできない大事な試みではないでしょうか。

昔の自分を思い出すという意味で言えば、同窓会に参加するのもいいと思います。私も時々参加しますが、同窓会でつくづく思うのは、同窓会とは「昔の自分に会いに行く貴重な機会だ」ということです。

当時の同級生と会うと、「あの頃のお前って、こうだったよな」など、自分でも気づかなかった自分を思い出させてくれることがあります。

友人と旧交を温められるのも同窓会のよさですが、それだけでなく「昔の自分に会いに行ける」という楽しみもあるのです。

同窓会に行く。
昔のアルバムを開いてみる。
思い出の場所に行ってみる。
「自分の棚卸し」をするのも、
定年後の大事な試みです。

「同窓会幹事」のすすめ

同窓会に関しては、お誘いを待つだけでなく「言い出しっぺ」になってみるのもいいと思います。自ら声をかけて、同窓会を企画してみるのです。

「突然連絡したら迷惑がられるのではないか」なんて心配は無用です。純粋な気持ちで「ぜひ会いたい」と声をかけられて、迷惑に思う人はそうそういません。

参考までに私のケースをお話ししましょう。

私の場合、年に一度、大学時代のサークル仲間たちと同窓会を開きます。スタートしたのは私が四十歳のとき。私が大阪から東京勤務になったのをきっかけに「同窓会をやろう」とみんなに呼びかけました。

卒業後十八年も経っていましたから、どのくらい集まるのかちょっと不安でしたが、フタを開けてみたら、なんと全国各地から二十五人も集まりました。

久しぶりに会えたのがよほどうれしかったのか、みないい大人なのに、学生気分に戻って大はしゃぎ（笑）。以来この同窓会は三十年も続いていますが、ここ三年ほどは連れ合いを同伴する人も増えたので、ますます盛り上がるようになりました（悲しいことに他界する仲間も増えつつありますが）。

この同窓会では一人一人にスピーチしてもらい記録をとっておきます。後日スピーチの記録を各人に送り、修正したものを戻してもらい、私のほうで保管しておきます。

すると翌年の同窓会で「去年はこんなことを言っていたよ」などと振り返ることができ、会がなおいっそう盛り上がります。それぞれが懐かしく時間を遡《さかのぼ》って、喜んだりしみじみしたりすることもできます。

時間も手間もかかりますが、みんな喜びますし、私は仲間から信頼を得られて気持ちがいい。手間ひまよりリターンのほうが大きいので、お店を決めたり連絡をとったりするのもちっとも苦ではありません。

「やったことがないから……」なんて言わず、みなさんもぜひ同窓会幹事をやってみてはいかがでしょうか。

幹事未経験の方のために参考までにお伝えしますと、店を予約するときは下見しておくのがおすすめです。広さや雰囲気、客層などをあらかじめ確認しておくのです。

そしてできれば、店の人に予算交渉します。千円くらい安くならないか値切ってみる。あるいはサービスでビールを多くしてもらえないかお願いしてみる。やってみると、案外応じてくれる店も少なくありません。

ダメなものを無理して値切る必要はありませんが、予算を抑えられたりサービスをつけてもらえれば、集まる仲間は当然喜びます。値切ったことをネタに会話が盛り上がるかもしれません。

会費はできるだけコストダウンを狙う。長く同窓会を続ける秘訣です。

同窓会を企画してみましょう。
旧友に連絡し、イベントを考え、
会場代を値切ってみる。
年に一度の楽しい仕事になりますし、
信頼という
大きなリターンも得られます。

現役世代から「華やかなエネルギー」をもらおう

ときには若い人と交流を持つのも悪くありません。

私もたまに、かつての部下など二十以上年の離れた人と話すことがあります。仕事やプライベートな相談を受けながら、昔を思い出して懐かしい気持ちになる。そんなひとときを過ごすのもなかなか楽しいものです。

ただ、若い人といると楽しい反面疲れることもあります。相手の調子に合わせ過ぎると、体力を消耗してしまうこともあります。

よく「孫は来て良し、帰って良し」と言いますが、若い人との交流もこれと同じ。楽しいけれど疲れ果ててしまわない「来て良し、帰って良し」の距離感を心がけるといいのではないでしょうか。

気疲れしないという意味で言えば、年がさほど離れていない、十歳くらい下の人と話すのがちょうどいいかもしれません。

テレビ番組の収録で知り合ったあるキャスターの方と、何度か食事をご一緒したことがあります。私より十歳近く年下の、現役バリバリのベテランキャスターです。

前線で活躍しているだけあって、話題も豊富で話も上手い。大いに刺激を受けましたが、本当に楽しくて、気疲れするようなことは少しもありませんでした。キャスターという仕事柄もあるのかもしれませんが、年相応の経験や人徳が安心感を与えてくれたに違いありません。

年齢そのものは若くなくても、現役世代の華やかなエネルギーを感じさせてくれる。高齢者にとっては、そんな人との交流が一番充実するのかもしれません。

若い人との交流は、
疲れない程度を心がけるべし。
孫同様、「来て良し、帰って良し」の
距離感がベストです。
華やかなエネルギーをもらえれば、
心の充実につながります。

「小さな目標」を立てなさい

現役のときは、みなさんおそらく、「出世したい」「家を持ちたい」など何かしら目標に向けて働いていたと思います。

売上を上げたい、ヒット商品を出したい、プロジェクトを成功させたいなど、高い目標を掲げて努力してきたという人も多いかもしれません。

このような目標があったからこそがんばれた、目標があったから仕事が充実した、そんなふうに感じなくはないでしょうか。

定年後の人生もおそらく同じです。目標があるとそこに向けてがんばれる。張り合いのある毎日を生きられる。やはり目標は欠かせないものだと思うのです。

ただし、年がいってからは「高い目標」を持つ必要はありません。持つべきは無理なくできそうな「ちょっとだけ高い、小さな目標」です。

何をどの程度やるかは、それぞれの能力や欲求に応じて決めればいいと思いますが、「一日一万歩歩く」「〇年かけて百名山を回る」など具体的に設定すると、達成までの道のりがより楽しくなります。

私の場合、退職後に始めた執筆活動が「小さな目標」のきっかけになりました。何しろ原稿を書くのなんて初めてです。出版に関しては右も左もわかりません。最初のうちはうまく書けずもどかしい思いもしましたが、「この一冊を何とか書き上げよう」「前よりもよくしよう」とマイペースで続けるうちに少しずつ上達していきました。

昔の私なら、「もっとやれる」「もっと書ける」とがむしゃらに努力したかもしれませんが、この年でやりすぎれば疲れて行き詰まって、「もう本を書くのなんてごめんだ」となってしまったかもしれません。

幸い多くの方に読んでもらえ、今でもこうして執筆活動を続けていますが、おそらくここまで続けられたのは、ガツガツやりすぎず、楽しく自然体でやれたから。ほどよく力を抜いたことが長続きの秘訣なのです。

ちなみに目標がなかなか見当たらないときは、家族や知人など周囲の人に話してみるのもいいと思います。

「何かやってみようと思っているんだけど」と伝えれば、「そういうことならこれをやってはどうか」「ぜひこれをやってほしい」と頼まれることもあります。さして関心がなくても、「それならやってみるか」と始めたことが「小さな目標」につながっていくこともなくはありません。

実際私も、積極的に本を書きたいと思っていたわけではありません。出版社から依頼をいただき、「それならば」と挑戦してみたことがきっかけになったのです。

自分を振り返りつつ、周囲の意見も頂戴しながら、力まず焦らず取り組める「小さな目標」を、みなさんもぜひ立ててみて下さい。

目標が見当たらないときは、
周りの人に聞いてみましょう。
ほどよく力を抜いて、
楽しむことが大事です。

渋沢栄一に学ぶ「好奇心」

自分を老け込ませないために欠かせないものがあります。「若干の好奇心」です。

好奇心と言えば、何と言っても渋沢栄一です。「日本資本主義の父」と呼ばれ、第一国立銀行、日本郵船など数多くの会社を興した明治時代最大の経済人です。十五代将軍徳川慶喜の命によりパリに渡った渋沢は、パリの下水道の中を歩き回り、アパートの賃貸契約のやり方などをすべて書き留めるなど、ヨーロッパの文化と知識を貪欲に吸収します。

帰国後は渡欧の経験を生かして地租改正、鉄道敷設などの大仕事を成し遂げますが、これを可能にしたのも驚異的な好奇心があったからにほかなりません。好奇心が明治の日本の土台を作ったと考えると、好奇心がどれほど重要かよくわかりますよね。

私も渋沢にならって、できるだけ好奇心を忘れないよう心がけています。

たとえば、私には自閉症の長男がいるのですが、そのつながりで精神医療の分野から講演を頼まれることがあります。そういうとき、ただ講演をしておしまいではなく、今精神医療はどうなっているのか、具体的にどんな状態なのかなど、後日講演主催者と会って詳しく知るようにしています。

ほかにも故郷秋田のサポートに関わったり、男女共同参画会議の議員になるなど、要請に応じてさまざまな活動に関わっていますが、単に経験を生かすだけでなく好奇心をもって臨むことが大事だと考えています。

もっとも、本格的にやりすぎれば疲れて体を壊します。好奇心を持つにしても、無理をしないことが大前提です。

きっかけは何でもいい。
一つ興味を持ったら、
関連するいろいろなことを調べてみる。
好奇心は、
老いを防ぐ最大の武器です。

一年くらい、のんびりしたって構わない

長年のサラリーマン人生を終えた直後は、多かれ少なかれ誰しも疲れていると思います。

第二の人生に向かって意気揚々とするより、「くたびれた」「何にもしたくない」と感じることのほうがむしろ多いかもしれません。

何しろ会社で働くということは、試練や困難の連続です。達成感もありますが、「しんどいことのほうが多かった」「こんなはずじゃなかった」など、苦渋に満ちた思いを抱いている人もいるでしょう。

そういう人は、第二の人生を考える前に心身を休めるのが先決です。

しばらくは何もせず、何も考えず、ただ毎日をのんびり過ごしたって構いません。何かをしなければと焦る必要もありません。老後の人生は思うよりずっと長

いのです。

私も東レの取締役を解任され、子会社に左遷されたときはかなりがっくりきました。生来の楽天家であまりくよくよ悩まないほうですが、そんな私もこのときばかりは激しく落ち込み、「もうサラリーマン人生は終わった」とお通夜のような気持ちですごしていました。期間で言うと、三カ月くらいショボくれていたでしょうか（笑）。

悩まない人間でさえそのくらい費やしたのですから、普通の人は半年、あるいは一年くらい、復活まで時間がかかっても当たり前です。そのうちやる気が出るのですから、この間十分な休息をとりましょう。

人間というのはよくしたもので、十分休んで心が整うと「悔やんでもしょうがない」と区切りをつけ、「何かやってみよう」と前向きな気持ちになります。

実際私も三カ月ほどすると、ショボくれていた気持ちがウソのようになくなり、子会社で楽しく働くようになりました。「ここをいい会社にしよう」といろいろな改革をし、働きやすい環境を整備し始めるなど、以前と変わらない自分を取り戻していくことができました。

「サラリーマン人生は終わりだ」と思っていたはずなのに、ふたたびやりがいを見出すことができたのです。

しかも、出版社から原稿依頼が舞い込んだのもちょうどこの時期。子会社では本社ほど忙しくしていませんでしたから、心置きなく執筆の依頼を引き受けることができました。つまり、結果的に私は左遷されたおかげで、作家という第二の人生を歩み出すことができたわけです。人生、何が幸いするかわかりません。

定年とは自分で自分を生まれ変わらせる、新たに自分を生き直す大事な時期とも言えます。自分をいたわりつつ、焦ることなく、次なる人生に臨んでほしいと思います。

人生、何が幸いするかわかりません。
定年後は
「生まれ変わる時期」だと捉えて、
焦らずゆっくりと、
自分をいたわる時間を持つのも
大事なことです。

第四章

お金の不安におびえるな

「晩年はシェアハウス」も一興

よく「老後は最低三千万は必要だ」などと言われます。

私が調べたところによれば、現在六十歳以上の平均貯蓄額は約二千三百万円。だいたいこのくらいあれば人並みだということですが、一方で四割近くが一千万円以下というデータもあります。

ということは、現実には三千万円どころかもっと少ない貯蓄しかない人が大勢いるということ。老後の蓄えは、人によってずいぶん差があると言えそうです。

したがって「老後資金三千万」はあくまで一つの目安であり、さほど気にする必要はなし。さまざまなデータはあれどどれもアテにならない。その程度に考えておけばいいと思います。

実際多額の貯蓄を持っていても、使わずに残して死んでいく人はたくさんいます。元気で働けるうちは、神経質になりすぎる必要はないのかもしれません。もっとも貯蓄がないならないなりに、支出を減らし、蓄えを少しでも増やす心がけは必須です。貯蓄や年金がいくらあるかを踏まえ、収入と支出のバランスを考慮し、身の丈に合った暮らしを徹底するのです。

外食や買い物は控え、旅行も手近で楽しむことを考える。世間体を気にしたつき合いは一切断つ。冠婚葬祭などの費用も出せる範囲で出す。常識や義理を欠いても誰に迷惑がかかるわけでもありません。

貯蓄額に一喜一憂するより、こうやって節約に知恵を絞るほうが大事ではないでしょうか。

最近は一人暮らしの高齢者が増えたせいか、比較的安価な高齢者向けのシェアハウスも注目されています。

高齢者の住まいと言えば有料老人ホームやケアハウスなどが一般的ですが、自立して暮らせるうちは手厚いサポートは必ずしも必要ありません。介護や支援が不要なら、困ったときの手助けや誰かがそばにいてくれるという安心感さえあれば十分です。

だとすれば、有料ホームの高額な入居金にお金をかけるより、こちらのほうが住居費を安く済ませられる可能性もあります。今後元気な高齢者が増えることを考えれば、費用を抑えられなおかつ助け合いの機能も果たすシェアハウスは、ますます需要が増えるかもしれません。

高齢者のシェアハウスはまだ少数です。介護に対応していないなど課題も少なくありません。しかし高齢化社会のお金や住まいを考える上で、見逃せない選択肢の一つとなっていくと思います。

「老後資金は最低三千万」など、
一つの目安にすぎません。
身の丈にあった暮らしに
少しずつ変えていきましょう。

「ドケチ」は最高の褒め言葉

貯蓄が少ないなら徹底して節約をと言いましたが、これは何も貯蓄がない人に限ったことではありません。

どれだけ資産があろうとムダなお金は使わないようにする。ふだんから分相応を心がける。長い老後を安心して生きるには、湯水のようにお金を使うことを戒め、「脱・贅沢」を旨とすることが大事です。

それにお金をたくさん残して死んだとしても、誰に迷惑をかけるわけではありません。むしろ相続税などを通じて国に貢献することになると思えば、迷惑どころか世のため人のためになります。

「あの世にカネは持っていけない。生きているうちに好きなだけ使ってしまおう」と考える人もいるかもしれませんが、目的もなく浪費するくらいなら、役に立つ使い方をしたほうがいいのではないでしょうか。

私も今はそれなりに蓄えがありますが、贅沢は敵だと思っています。買わずに済むものは買わない。値切れるものは値切る。百円でも千円でも、少しでもお金のかからないほうをとる。銀行でお金を下ろすのにかかる手数料も避けるようにしています。

「ドケチの佐々木」と言われてしまいそうですが（笑）、これも老後を生きる大事な知恵。幼い頃からの貧乏暮らしが大事な知恵を授けてくれたのだと、誇りにさえ思っています。

ちなみに私の「ドケチ」は自分のお財布だけに限りません。

たとえば講演会などでよく「お車を用意しましょうか」と聞かれますが、私はほとんど断ります。歩けばタダで済むものを余計なお金をかける必要なんかありません。歩いたほうが健康にもいいわけですから、まさに一挙両得です。

ただ、倹約のために好きなことまでガマンせよと言う気はありません。車でもカメラでも旅行でも、自分がこだわりたいものにある程度お金をかけるのは当然のこと。お金はメリハリをつけて使うのが大事です。

私の場合は、結果的に家族にお金をかけることになりました。

妻の入院では本人の意向をくんで個室に入れ、自閉症の長男にはアパートを借りて一人暮らしをさせたこともありました。

別に個室でなくても、一人暮らしをさせなくても、やりようはいくらもありましたが、ちょうど役員待遇となり十分な収入もあったことから、思いきってお金を使うことにしました。

自分のこだわりとはちょっと違いますが、家族を大事にしたいという私らしいお金の使い方だったかもしれません。

「死ぬ前に使い切ってやる」は
さもしいだけです。
銀行の手数料だって
バカになりません。
お金はメリハリをつけて、
使いましょう。

株で老後資金は増えないと思え

老後に備えて、株で蓄えを増やそうと思っている人も多いと思います。

私も若い頃から株には興味があり、連戦連勝を重ねたときは「おれは株の才能があるかもしれない」と調子に乗ったこともありました。

でもトータルで見ると案外利益は出ていません。周囲を見ても成功したという人はあまりいません。たまにものすごく成功したという話も耳にしますが、トータルではなくうまくいったときだけを話題にしている印象を受けます。株で大儲けしようと考えるのは、やはり現実的とは言えないでしょう。

ただし株式に関心を持ったり、試しにやってみようと考えるのはいいことだと思います。経済動向を知っておけば金銭管理に役立ちますし、政治経済への関心が高まれば知的好奇心が養われ、認知症防止にもつながるかもしれません。

したがって株式などの投資は、貯蓄より勉強のためというスタンスでやるのがいいのではないでしょうか。

ちなみに株を試しにやってみるなら、専門誌の解説者や証券会社の担当者の言葉を鵜呑みにせず、自分の頭でしっかり考えて決めることをおすすめします。

「そんなの基本だろう」と思うかもしれませんが、巧みにすすめられると案外その気にさせられます。調べるのが面倒でついつい乗ってしまうこともあります。

実際私も「これは絶対に化けます。買わなかったら損です」と強く押されて、そこまで言うならと買った株が大幅に下落してしまった経験があります。

おかげでこれまでの利益が全部パア。なぜもっと慎重にならなかったのかと猛省しました。これをきっかけに、一時は株をスッパリやめたのです。

ところが数年後、同じ担当者がふたたび私に株をすすめてきました。「もうあんな大損をするのはゴメンだ」と断りましたが、担当者は「今度こそ」と自信満満に商品をアピールしてきます。

そこで私はすすめられた商品を徹底的に調べました。事業内容や業績を精査し、担当者がどの程度本気ですすめているのかも厳しく見きわめました。そして今度は大丈夫だと判断し、その株を買ってみることにしました。

結果その商品の株価は高値を記録、幸いにも大負けを取り返すことができたのです。

しかしこういうケースはきわめてまれ。当たったことに気をよくして繰り返すと、また大負けをしてふたたび損をし、儲けるどころかマイナスになってしまったということにもなりかねません。

貯蓄を増やすはずが大きく目減りしてしまったなどということにならないよう、堅実な株式投資を心がけたいものです。

株に興味を持つのは
悪いことではありません。
経済動向に目を光らせるのは、
認知症防止にもつながります。
ただし、あくまで
勉強程度にとどめましょう。

資産運用を甘く見ない

株式に限らず、昨今はさまざまな資産運用があります。高齢者向けの金融商品も多数出回っています。

テレビCMなどを見ていると「気軽にやれそうだな」という印象を受けるかもしれませんが、真に受けすぎないよう注意が必要です。

何しろ資産運用はプロでも失敗する代物です。素人が簡単に儲けられるわけがありません。蓄えが心もとない人ほど「少しでも増やせるなら」と期待しがちですが、儲けよりリスクが大きいということを忘れてはいけません。

高齢になると判断力が鈍ります。若い頃のような思慮が働かないこともあります。「自分は大丈夫」と高をくくるのは危険です。

実際、私の知人の母親は甘い誘い文句につられて高額な商品を買ってしまいました。一人暮らしを満喫し、世間知らずとはほど遠いしっかりした女性だったにもかかわらず、プロの手口にひっかかってしまったのです。

知人は「まさか自分の母親が……」と愕然とし、それ以後母親にかかってくる電話や送られてくるダイレクトメールに目を光らせるようになりましたが、このように一人暮らしの高齢者を狙った悪質な資産運用も決して少なくはないのです。

最近はアパート経営や土地活用など不動産投資をすすめる話も多いようですが、これもあまりいい話は聞きません。

都心の一等地とでも言うなら別ですが、それなりに栄えている地方都市、あるいは近年注目されているアジアの大都市でさえ、さほど利益は見込めないと言われます。

私がお世話になっている不動産のプロは、投機としてマレーシアにマンションを買ったのだそうですが、予想に反してまるで儲からず、売ろうとしても買い手がつかず、ほとほと困り果てていると話していました。

プロでさえこうなのですから、いわんや素人をや。やってみるなら、子どもや親戚など信頼のおける若い人に同席してもらうなりして、一人きりで話を聞かないことをおすすめします。

高齢者は自分が年寄りだということを認めたがらない人がたくさんいます。何かにつけて「私はしっかりしている」と言い張る人も少なくありません。でも、リスクを避けるには年を認めることが不可欠です。

「もうしっかりなんてしていないんだ」と謙虚になることも、お金を守るための重要な心がけではないでしょうか。

儲け話にうまい話はありません。

大事な資産を守りたいなら、

「私はしっかりしているから大丈夫」

と思うのをやめましょう。

死亡保障は六十代でやめにする

　生命保険には医療保障と死亡保障とがありますが、子どもが成人したらもう死亡保障は必要ありません。私も六十代ですぐ死亡保障はやめにしました。

　子どもに少しでも残してやりたいと考えるなら、保険でなく地道に貯蓄するので十分。そもそも保険料には保険会社の経費や利益が含まれていることも頭に入れ、少しでも損をしないやり方を選びたいものです。

　一方医療保障については、万が一に備えて入っておくという人が多いと思いますが、私はこちらもやめることにしました。

　子どもたちももう大きくなったし、ある程度の貯蓄はあるし、もう保険はやめてもいいだろう。万が一なんて言うけれど、病気になったらなったときに考えればいいや……そう思うことにしたのです。

それに支払った保険料と実際にかかる医療費を比べた場合、統計的に見ると保険料のほうが大きい、つまり損していることになるというデータもあります。「保険に入っておくのが常識だ」という考えは一度見直す必要があるのではないでしょうか。

もっとも保険をやめたと言っても、私は事務所を経営しているので、決算対策に役立つ貯蓄型の法人保険に加入しています。法人保険の保険料は半分を経費として計上できるため、高い節税効果が期待できます。商品にもよりますが、満期近くなると全額がほぼ戻ってくるというメリットもあります。

個人の場合も生命保険を相続税対策に活用することもあるようですから、老後の保険は「安心感」でなく「実利実益」で考えるといいのかもしれません。

老後の保険は
「実利実益」で考えましょう。
「常識だから」「みんな入っているから」
そういう理由ならば、
一度見直してみるべきです。

堂々と生活保護をもらいなさい

人生百年と考えると、「死ぬ前に貯金が底をついてしまうのでは」と不安に感じる人も少なくないかもしれません。

でも、長生きしたせいでお金が底を尽き、路頭に迷って死んでしまったという人はほとんどいません。餓死してしまった独居老人のニュースもたまに聞きますが、あれはきわめて特殊なケースです。

いざというときに備えておくのは大事ですが、「死んでしまう」とまで考えるのは杞憂です。どうにもならなくなったときは、生活保護を申請するという手もあります。

生活保護については不正受給などの問題もあるせいか、今一つ印象がよくありません。「恥ずかしい」とか「みっともない」などの理由から申請をしたがらない人が多いとも聞きます。

しかし生活保護は困っている人が受けるべき当然の権利です。やむを得ず一定以下の収入しか得られない人を支えるのは国の責任。不正受給は論外ですが、本当に困っているのなら堂々と申請していいのです。

お金がなくて途方に暮れているのに、「甘えてはいけない」と申請に二の足を踏む人もいるようですが、私に言わせればそれはたいへん立派な人（笑）。私なら「もらえるものはもらおう」と迷わず申請します。

近年は高齢者世帯の受給が増えているのだそうです。現実にこれだけの高齢者が受給しているとなれば、生活保護はもはやそれほどめずらしいこととは言えません。「人並みだ」くらいで受けて構わないのではないかと思います。

いざというときには
生活保護がある。
長年がんばって働き、
税金を納めてきたのです。
後ろめたく思う必要は、
まったくありません。

子どもや孫へは「決まった額」以外渡さない

高齢者の支出と言えば、子どもや孫にかけるお金もバカになりません。

子どもや孫がやってくるとお金やものを何くれとなくあげたり、外食代や旅行代金まで支払ってやるという人もいるようですが、それは紛れもないムダ遣い。今すぐやめたほうがいいと思います。

困っているなら多少援助してもいいかもしれませんが、単に甘えてせびってくるような場合は心をオニにして断るべし。大事な貯蓄を子どもや孫を甘えさせるために使うべきではありません。

おじいちゃんやおばあちゃんはそう簡単にお金を出してはくれない。アテにできない。そう思わせたほうが互いのためにもいいのです。

ただし孫にはいくらかあげたいと思うのも人情です。あげておいたほうが、孫子どもも気持ちよくつき合えるということもあります。

そこでおすすめしたいのが「決まった時期に決まった額をあげる」という方法です。小学校に入学したらいくら、進級したらいくら、中学、高校に入ったらいくら、○歳のお誕生日にはいくら……と年齢ごとに少しずつ額を増やしながら贈るのです。

こうすると、孫はその日を心待ちにしてウキウキします。「○歳になったらこれだけもらえる」と進学や進級を楽しみにします。特別なお小遣いをくれる人として、おじいちゃんおばあちゃんを好きになります。

しょっちゅうあげているともらえるのが普通になってしまい、喜びもありがたみも生まれませんが、「○歳になったらいくら」と決めて特別感を与えると、同じお小遣いでも受け取り方が変わってきます。

私はこのやり方を九十七歳になる母の友人から教わりました。

彼女には五人の孫がいますが、どの孫からもたいへん慕われています。むろん彼女の人柄もありますが、お小遣いを上手に与えることで、彼女は孫たちの心をガッチリ摑んでいるわけです。

今のうちにいろいろしてやっておけば、きっと老後の面倒を見てくれる。いずれは子どもや孫の世話になるのだから、いくらあげても損はない……そんな下心をお持ちの人もいるかもしれませんが、それはたいへん甘い考えです。

もらえなくても見る人はきちんと見ますし、いくらもらっても親の面倒を見ない人は見ません。お金やものをあげたからと言って、面倒を見てもらえるという保証はどこにもありません。

都合のいい期待はさっさと捨てて、打算のない心でつき合ったほうが、子や孫との関係はうまくいくのではないでしょうか。

「のちのち面倒を見てもらいたい」
そんな下心は捨てましょう。
家族の心を摑むのは
お金ではありません。
大盤振る舞いは、
自分にとっても家族にとっても
百害あって一利なしです。

「相談」なくして「相続なし」！

遺産については、誰にいくら残すのか、遺言書としてきちんと書きます。「あの子にはたくさん残したい」「言うことをきかないから少なくする」などといった感情ではなく、誰もが受け入れられる公平なものを心がけるのがベストです。

そのためには、遺産相続についてあらかじめ子どもたちに相談することが必要です。相続の内容を説明し、不服があるなら説得するなり、納得がいくまで話し合うのです。

これをせず親が一方的に決めてしまうと、親子間で不信感が生まれます。争いの火種になります。よく「相続」が「争続」になると言われますが、それは子どもたちを納得させられていないために起きるのです。

「話し合いなんかしなくたって子どもたちで適当に決めればいい」と考える人もいるかもしれませんが、お金のことを適当に済ませてはいけません。子どもも任せもだめ。金額が少ないから適当でいいと考えるのも浅はかです。

遺産を巡る争いは少なくても起きます。何千万よりむしろ何百万のほうが争うケースは多いとも聞きます。家族間の骨肉の争いを避けたいなら金額の多寡にかかわらず、子どもたちも納得ずくの遺言書を作るべきなのです。

もちろん話し合いをしても百％納得してくれないこともあります。不満が出ないよう公平を心がけても、文句を言う子どももいるかもしれません。

しかしたとえそうだとしても、話し合いをせず一方的に決めるよりは、子どもどうしの衝突やわだかまりを小さくできるはず。少なくとも「争続」と呼ばれるような事態だけは避けられるのではないでしょうか。

人間お金のこととなると本性が出ます。
遺言書を準備しておくことは、
家族間の争いを防ぐ
親の重要な務めです。

脱・銀行時代に備えよう

ＩＴ（情報技術）やＡＩ（人工知能）の発達によって、今後は銀行も金融サービスも大きく変わります。これまでにない新たな金融常識も登場しつつあります。「わからない」「できない」「苦手だ」などと言わず、高齢者もそれなりの対応力をつけるべし。専門的なことはわからずとも、関連ニュースには目を光らせておくのがおすすめです。

たとえば最近、メガバンクが相次いで人員削減計画を発表しました。背景にあるのは言うまでもなく大幅な収益減。昨今は有望な融資先もどんどん減り、マイナス金利で利ざやも小さくなるうえ、不動産ローンやカードローンなどの貸し付け事業も行き詰まりを見せています。

そこで利益を増やすために、人を減らして人件費を、支店をなくして物件費を削る。銀行特有の高い金融コストにメスを入れようというわけですが、これと並行して進められているのが「フィンテック」の活用です。

フィンテックとは金融を意味する「ファイナンス」と技術を意味する「テクノロジー」とを組み合わせた造語です。身近な例で言うと、スマホやパソコンでお金を振り込むネットバンキングや、話題の仮想通貨もフィンテックの一つです。

今後フィンテックが進めば、大勢の銀行員は不要になります。明細書もいらなくなり、伝票もタブレットで代用するようになるでしょう。

スマホやタブレットを使いこなせなければ貯金も下ろせない……なんてことはないでしょうが、拒否反応を起こさない程度にスマホやタブレットに慣れておくのも大事なことではないでしょうか。

もはや銀行だけが、
金融の窓口ではなくなりつつあります。
一般企業も「フィンテック」を駆使し、
決済や融資サービスを
提供し始めています。

子どもにも介護料を支払うべき

私は六十代で遺言書を作りました。うちは長男が自閉症のため、長女と次男が相続することになりますが、配分はほぼ二対一で長女に多く譲ることになっています。

長女は長年、障がいのある長男と病気の妻を抱えて悪戦苦闘する私を全力でサポートしてくれました。幼い頃から料理洗濯を手伝い、大人になってからも自分のことは後回しで家族に尽くしてくれました。

妻が自殺未遂を図ったとき、真っ先に発見して救急車を呼んだのも長女です。命を助けてもらったと思えば、わが家の救世主と言っても過言ではありません。

したがって私としては長女に多く遺してあげたい。そのことを次男に伝えると、次男は快く賛成し、遺言書の内容に納得してくれました。

ちなみに次男は遺産はいらないと言います。前にも書きましたが、次男は遺産をもらうどころか私にお金を返そうとしています。「自分のぶんはどこかに寄付したらいい」とさえ言うのです。

「そんなこと言ったって（次男の）奥さんが承知しないだろう」と思っていたら、なんと奥さんには相談済みですでに了解をもらっていると言います。

私としては彼に遺産を遺すつもりでいますが、お金に対する価値観や使い道を夫婦で話し合い理解し合っているというのは素晴らしいこと。今後事情が変わることがあっても、その都度話し合い、忌憚《きたん》のない思いを伝え合うようにしてほしいと思います。

ことお金については、家族といえど曖昧に済ませないことが大事です。

遺産相続では、親の介護でもめ事が起きることもあります。介護を引き受けたのに法定分の遺産しかもらえず、納得できないと訴えるなどといったケースです。

感情としては理解できますが、子どもの取り分は平等と法律で決められています。介護しようと面倒を見ようと多く受け取ることはできません。あとで騒ぐくらいなら、最初から「介護をするかわりにお金をもらいたい」と相談すべきです。誰しもお金のことは言い出しにくいですし、「何も言わなくたって親兄弟は配慮してくれる」と期待したいものかもしれません。

でも、人情に任せていると割を食うことになるのも事実です。世話や介護をするのなら、かかる手間やお金をあらかじめ考え、親兄弟に「これだけお金をもらいたい」「一筆書いてもらいたい」と相談し確約をとったほうがいいのです。

もっともこの手の相談は子どもからはなかなかしにくいものです。親思いな子ほど人情で動いてしまい損をするということも少なくありません。

したがって一番いいのは、世話してもらう親自身がお金について申し出ること。月々これだけの対価を支払うと約束する、あるいはそのぶん多く遺産を遺すと遺言書に明記する。わが子だからとなあなあにせず、介護料を支払うといいと思います。

親子でもお金のやり取りを
したほうがいい。
面倒を見るほうも
納得して面倒が見られます。
家族間の争いを防ぐには、
情よりお金が大事なこともあるのです。

「みじめな金持ち」ほど不幸なものはない

お金の有無は老後の生活を大きく左右します。

「老後の沙汰は金次第」などと言う人もいますが、私ももちろんお金はあるにこしたことはないと思っています。

でも「お金がないとみじめな老後しか送れないのか」と聞かれれば、必ずしもそうではないと断言します。お金がなくてもみじめとは無縁な老後を送る人もいれば、お金をたくさん持っていてもみじめな老後を送る人もいるからです。

とある企業のトップにまで上りつめた男性の話です。

この男性は現役時代ワンマン社長として辣腕《らつわん》をふるい、業界内でもその名を轟《とどろ》かせていました。地位もお金も手にし、悠々自適の老後を送るかに見えましたが、恫喝的に振る舞う性格が災いし、昔の部下からも家族からも遠ざけられるようになっていきました。

しかも、どこへ行くにも車移動という暮らしのせいで運動不足に陥り、健康を損ね、挙げ句の果てに階段から落ちて入院し、そのまま帰らぬ人となってしまいました。家族に気づかれず長時間放置されたことが絶命につながったのです。

現役時代はあれほどの名声を博し、多大な財をなしたにもかかわらず、家族に見放されて階段から転げ落ちて亡くなるとは、こんな最期をいったい誰が想像したでしょう。

地位があってもお金があっても、残念な末路をたどる人もいる。

私は彼の死からそのことをつくづく実感したのです。

ちなみにこの男性は生前元気なときに、自分のお墓を作っていました。豪胆な彼らしい億単位のお金をかけた立派なお墓ですが、このお墓には墓参に訪れた人が挨拶代わりに入れる名刺入れが施されていると言います。

死んでなお誰が挨拶にやってきたかをチェックしているのかと考えると、正直、唖然とします。自分はこうはなるまいと思ってしまいます。

どんな死に方をするかは人それぞれ。いいも悪いもありません。どんな最期だろうと一概に否定するつもりはありません。

ただ少なくとも私は、家族や友人知人と楽しく老後を過ごし、自分が死んだときは心でそっと手を合わせて見送ってもらえるような死に方がしたい。それが一番の幸せではないかと思っています。

そのためには必ずしも大金は必要なし。いくばくかのお金さえあればそれで十分。

これが私のお金に対する基本的なポリシーです。

お金はもちろん、
あるにこしたことはない。
でも、お金があっても
不幸な死に方をする人も多いのです。
あなたにとって、
一番大切なことは何か。
それを忘れないようにしましょう。

第五章

謙虚さが豊かな老いをつくる

健康に対して謙虚であれ

高齢者にとって健康管理は重要です。あらためて言うまでもありません。しかし最近は健康を軽視する人が増えている気がしてなりません。食や医療への関心が高い一方で、「自分はまだまだ若い」「病気とは無縁だ」など自らの健康を過信している高齢者が多いからです。

たとえば私の友人のお父さんは、認知症傾向があるのに認知症予防の薬をすすんで飲もうとしません。薬を飲ませる係の彼と、毎日のように押し問答するとのことです。

友人「お父さん、薬を飲んで下さい」

お父さん「私は薬が嫌いなんだよ」

友人「何を言っているんです。飲まないと認知症が進みますよ。お父さんのボケが進んだら家族全員困ります。さあ、飲みましょう」

お父さん「ほう、それなら私もボケたフリをしようかな。ボケたフリをしてみんなが困るのを見てやろう（笑）」

彼のお父さんらしいジョークですが、内心「健康には自信がある。薬なんか飲まなくたって大丈夫」と思っているのは明らかです。若い頃からの健康自慢があだとなって、薬を飲もうとしないのです。

むろん薬は飲めばいいというものではありません。薬に不安があるなら医師に相談すべきですが、はなから飲まないと決めてかかれば治るものも治りません。高齢になったら薬のお世話になるのもいたしかたなしと、考えを切り替えることも大事です。

また、高齢者の中には健康のためと積極的に階段を上り下りしたり、あえて階段を使おうとする人もいますが、転倒すれば簡単に骨折してしまいます。十分注意しなければなりません。

かく言う私も七十のときに自宅で骨折を経験しました。ソファから立ち上がろうとしたものの足がローテーブルの下にハマって動かせず、おかしな転び方をした拍子に足の骨が折れてしまったのです。

テレビを見ながらお酒を飲んでいたため、注意力が散漫だったというのもありますが、リビングで転倒して骨折するなんて、若い頃にはあり得なかったアクシデントです。これをきっかけに私も「健康を過信すまい」と心するようになりました。

ちなみにこのとき病院に行って気づきましたが、「年寄りは骨折だらけ」です。骨折で来院する若い人はほとんど見ません。そのくらい高齢者は骨折しやすいのです。

骨折すると自力で歩けなくなります。車椅子になることもあります。歩かなくなれば、足がだんだん衰えて、寝たきりにつながることも考えられます。骨折は年寄りの命を脅かす大敵と言っても過言ではありません。

「健康自慢」はもう終わり。
年相応に弱っているのですから、
謙虚に今までの習慣を見直し、
命を守りましょう。

「病気自慢」はするな

「健康自慢」もいけませんが、「病気自慢」もいけません。

年寄りの中には常に「どこかが悪い」「あそこが痛い」などと言って年中医者通いしている人がいますが、年寄りの医療費は国家財政をゆるがしかねない大問題。深刻な病を患っている人のためにも、不要な医者通いは控えなくてはいけません。

同窓会でも「血圧が高くて」とか「この前入院して」など病気の話で盛り上がることがありますが、私からすれば病気自慢にしか聞こえません。

こういう会話ははからずも病気を肯定していることにつながります。あまりいいこととは言えません。そこで私はみんなに「病気と孫の話はしないこと!」と冗談まじりに提案しました。

するとみんな一気にシーンとなり、口数が少なくなってしまいました。年寄りがいかに病気と仲よしか、このことからもよくわかりますが、病気と孫以外に話題がないというのはいささか不健康ではないでしょうか。

もっとも、医者とのつき合いをなおざりにしていいというつもりはありません。万が一に備え、健康診断は欠かさないほうがいいと思います。

健康診断に関しては「体調を悪くすることがある」といった見方もあるようですが、少なくとも検診によってガンなどの病気が早期発見されるのは事実です。

実際私の弟はがん検診で一命を取り留め、兄は検診をしなかったために命を落としました。こうしたケースを目の当たりにすると、やはり健康診断は生死のカギを握ることもあると思えてなりません。

年寄りは誰しも
病気とは仲よしなものです。
だからといって、
不要な医者通いは避けましょう。

体重は毎日計ろう

私は健康管理に関しては、現役時代から人一倍注意を払ってきました。

わが家には障がいを持つ長男と、肝臓病とうつ病に苦しんできた妻（現在は完治）がいます。私が病気にでもなれば、仕事はもちろん家族の面倒も見られなくなり、わが家は崩壊を免れません。私にとっての健康維持は家長としての使命でもあったのです。

ただし健康維持といっても特別なことをしていたわけではありません。

三度の食事はバランスよく食べる。睡眠は最低七時間とる。ゴルフやテニスなど楽しく適度に運動をする。風邪をひきかけたらすぐに薬を飲むか医者に行く……いたって普通のことばかりですが、健康を維持するには普通を徹底することが重要です。

ちなみに健康管理のカギは「体重」です。肥満は万病への入り口と考えて、毎朝体重を計り常に一定に保つよう心がけたのです。

たとえば私のベスト体重は六十一キロ。これを基準にプラスマイナス一、二キロを維持し、少しでも増えたら食事制限してすぐに落とす。この程度の増加なら二、三日もあれば簡単に戻せます。

「毎朝計ってその都度落とすなんて面倒くさい」と思われるかもしれませんが、ドーンと太ってからつらいダイエットをするよりずっと楽。ダイエットのために高額なジムに通うより、こちらのほうが金銭的にもトクではないでしょうか。

私は体重以外に血圧も計り、エクセルを使って記録しています。そして二カ月に一度の定期検査の際、プリントしたものを主治医にパッと手渡します。記録したものがあれば健康状態を知る目安になり、診察も手っ取り早く進められます。

体重、血圧を
地道に毎日記録する。
これに勝る健康法は
ありません。

名医は「口コミ」と「三つの条件」で探しなさい

健康を維持するには、医師を選ぶことも大事です。

歯の治療をしていたときのことです。治るのにやたら時間がかかっていたので別の医師を探そうと考えていたところ、いきつけの美容師から「いい先生がいる」と教えてもらいました。

かなりの名医だったらしく予約がなかなかとれませんでしたが、いざ通い始めたら何とたった二回で治療が終わってしまいました。しかも処置が素早く痛みもなし。医師を変えて本当によかったと思いました。

このように、腕のいい医師や病院を探すには誰かに尋ねてみるのも有効です。最近はネットで探すことが多いと思いますが、友人知人からの口コミ情報が得られればよりよい医師を選べます。

医師や病院選びに関しては、私はそれなりに見る目があるつもりです。長男や妻を通して数多くの医師に接してきたからです。

何しろ妻の入院回数は四十三回、お世話になった病院の数は十数軒以上、医師と話をした回数に至っては何百回と言っても過言ではありません。

そんな私に言わせると、いい医師の条件は主に三つ。一つ目は病気についての知識をより多く持っていること、二つ目は患者にきちんと説明できること、三つ目は患者に対して誠意と愛情があることです。

この三つを踏まえて医師と話すと、名医かどうかがわかります。ネットや世間の評価を頼りにするより、自分にあったいい医師を選べます。いい医師を選べればきっと治療もうまくいくはずです。

医師の中には目の前の患者とろくに話もせず、パソコン画面ばかり見ている人もいますが、果たして患者を理解しているのか不安になります。不安な気持ちを理解してもらえないと思うと、通院するのも薬を飲むのもイヤになります。

こんな状態で通院するくらいなら、見切りをつけてほかをあたったほうが治療がスムーズにいくこともありえます。「医師は自分で選ぶもの」と心得て、いい医師を探し出す力をつけることも健康長寿の秘訣です。

世間には「具合が悪くてもお金がないから病院に行かない」「生活が苦しくて医療費を節約せざるを得ない」という高齢者もいると聞きます。

でも、全国には無料あるいは低額で診療してくれる医療機関があります。市役所などで相談すれば何らかの力になってくれるはずです。わからなければ人に聞くなり頼むなりしてでも、命を守る努力をすべきです。

そうした努力もせずに健康でいることを放棄してしまうのは、あまりにも愚かではないでしょうか。

病気に詳しく、
誠実で、情があり、説明が上手。
いい医師と出会うことは
豊かな老後の礎となります。

「少しだけ病気」くらいでちょうどいい

最近は健康増進をうたった健康食品やサプリメントが多数販売されています。高齢者向けのものもたくさん出回っていますから、試したことがある、あるいは常用している人も少なくないかもしれません。

私も一度血糖値を下げる健康食品を試したことがありますが、さして効果がなかったというのが実感です。それに薬から栄養補給するのはやっぱり味気ない。必要な栄養は食べ物から摂るに限るのではないでしょうか。

年をとると足腰が弱ります。視力も衰えます。高齢者に不足しがちな栄養をサプリメントなどで補って、少しでも元気で若々しくありたいと思うのも人情かもしれません。

でも、人間年をとれば肉体が衰えるのは当たり前です。病気になりやすくなるのも自然の摂理です。薬に頼ってまで若い頃の活力を取り戻そうとするのは、健康どころかかえって不自然です。

大事なのは衰えを遠ざけることではなく、年相応の衰えや病をうまく受け入れていくということではないでしょうか。

それに多少の衰えや病があったほうが、健康に対して気配りするようになります。薬や検査とも上手につき合えるようになります。年寄りにとって大事なのは無病息災より一病息災、「少しだけ病気」くらいがちょうどいいのです。

実際健康に自信満々だった人ほど、不意の病に一発でやられてしまうケースはめずらしくありません。

知人女性の母親は、テニスに水泳に山登りにと活動的な毎日を送っていましたが、あるとき末期ガンが見つかり、治療にとりかかるもあっけなくこの世を去ってしまったと言います。知人女性いわく、

「母は若い頃からスポーツをたしなむアクティブな女性だった。自分は病気とは

無縁だと常々話していた。運動を楽しむのはいいことだが、それがかえって命取りになったのかもしれない」

母親はまだ六十代後半。死んでしまうにはまだ早すぎると知人女性は肩を落としていました。人間いつかは死ぬとは言え、このような死は寿命をまっとうしたとは言いがたいかもしれません。

年寄りにとって健康を保つことは重要な任務。任務を果たすには食生活や運動への気配りは必須です。しかしそれ以前に「年をとったら病気も込みで人生」と心得ておくことが大事なのです。

無病息災より一病息災。
年相応の衰えを
受け入れるのが大事です。
持病や衰えと、
「仲よく付き合っていく」ことも
覚えましょう。

健康管理は「知性」でコントロールする

健康の秘訣は早寝早起き朝ご飯。こう書くと「なんだ、優等生か」と言われてしまいそうですが（笑）、事実私はこれで長年健康を維持してきました。

夜は十時に寝て朝は五時に起きる。朝食に白米とおかずを少々いただく。お昼は麺類や定食を食べ、夜は野菜や肉魚などのおかずだけを食べる。分量はやや控えめ、腹八分目を心がけるようにしています。

ただし「三度食事しなければダメ」とは言いません。いつ何度食事するかは人それぞれ。最近は一日に二食しか食べないという人も多いようですから、暴飲暴食さえしなければ好きに食べて構わないと思います。

お酒に関しても、浴びるように飲まなければ好きに飲んでいいと思っています。医師に止められているとでも言うなら別ですが、健康に問題がないなら休肝日を設ける必要もありません。

むろん飲みすぎないよう注意しますが、それも毎晩晩酌を楽しみたいからにほかなりません。

飲みすぎがたたって肝臓でもやられたら、大好きなお酒が飲めなくなります。人生の大事な楽しみが奪われてしまいます。つまり大の酒好きだからこそ、ほどほどをたしなむようにしているのです。

高齢者の中には暇を持てあまし、明るいうちから飲酒する人も少なくないようですが、「いけない」と思いながらも飲んでしまうとしたら、それは理性がうまく働かなくなっている証拠。「知性に欠けたお年寄り」ということになってしまうかもしれません。

できるだけ長く
食やお酒を楽しみたいもの。
そのためには「ガマン」より「知性」。
飲みたい気持ちを
コントロールすることが大事です。

スポーツジムに通う必要はない

運動は続けることが大事です。私は毎朝のウォーキングを日課にしていますが、万歩計を使って歩数を計り、エクセルで記録するようにしています。

記録をつけていると成果が実際に見えて楽しくなります。向上心やチャレンジ精神も芽生えます。運動を継続するコツは何より楽しみながらやることだと思います。

また、記録をつけておくと数値を通して過去を振り返ることができます。「少し衰えたかな」など、健康状態の変化を客観的に把握することもできます。

このように記録はただつけるだけでなく、振り返って確認して有意義に使うのが大事。私はメモに関して常々「書くと覚え、覚えると使い、使うと身につく」と言ってきましたが、運動の記録も「使うと身につく」用い方をするといいのです。

ちなみに私のウォーキングの目安は一日一万歩ですが、たまに一万五千から二万歩近く歩くこともあります。

骨折したあとはしばらくウォーキングができなかったので、鈍ったぶんを取り戻そうとがんばって歩いたところ、主治医から「そんなことをしたら逆効果。かえって体調を悪くしますよ」と注意されてしまいました。

歩けば歩くほどいいだろうと思っていましたが、過ぎたるは及ばざるがごとし。がんばりすぎずほどほどを保つのが、高齢者の運動では大事かもしれません。

運動と言えば、スポーツジムに通っている高齢者もたくさんいます。ランニングや水泳、器具を使った体力作りなど、ジムではさまざまなトレーニングが楽しめます。トレーナーに指導してもらえるのも魅力です。私も一時期、ジムに定期的に通っていました。

でも健康維持に効果があったかどうかと考えると、今一つ実感が湧きません。

もちろん一定の効果があったことは確かでしょうが、ずっと通い続ける気にはなれませんでした。というのも週に一度は行かなければいけないなど、楽しむというより義務感のほうが強かったからです。

そのほうが通う気になるという人もいるかもしれませんが、わざわざジムに足を運んで決められたメニューをこなすのは私には不向き。マイペースに楽しめるウォーキングやラジオ体操のほうが、どうやら私には合っていたようです。

ジム通いは続きませんでしたが、昔から好きだったゴルフは続けています。家族やかつての同僚などと、月に一度くらいの頻度でゴルフを楽しんでいます。

日時を決めたり予約を入れたりゴルフ場まで長時間車移動しなければならないなど、手間も時間もかかりますが、天気のよい日に緑に囲まれたコースを回ると気分がリフレッシュします。仲間と楽しく会話しながら運動すると、足腰だけでなく心も元気になります。

運動のやりすぎは
かえって健康を害します。
張り切ってやりすぎないよう
注意しましょう。
なにごともほどほどに。

「貪欲」にさよならしよう

私はやるとなったらとことんやります。ウォーキングでは歩数を増やさずにはいられませんし、ゴルフでは社内コンペで優勝を勝ち取るために、近所の大学グラウンドで早朝練習に励んだこともありました。

でも、年をとるにしたがい、この性格も少し変わりつつあります。貪欲にやるよりサラッと軽くでいい。そう思うようになってきたのです。

読書にしてもそうです。かつての私は、親や先生から「たくさん読め」と言われれば図書館の本を読破する勢いで読み、ビジネスに役立つと思えば赤ペン片手に何冊もの本を徹底的に読み込む。大好きな推理小説では、三分の二くらい読んだところで前に戻って読み直し、犯人が誰か推理するというマニアックな読み方もしていました。

でも、今はもうこういう読み方はしません。ビジネスも文学も、本とガッツリ向き合う必要はないと思うようになりました。

その代わりいいと思う本はじっくり読みます。繰り返し読むこともあります。年をとったら勉強のためではなく、純粋に楽しむだけに本とつき合うようになったのです。

旅行についても同じです。昔は短時間でたくさんダーッと見て回っていましたが、今はあれこれ欲張らず、行きたいところに絞ってゆっくり見るようにしています。

ちなみに『新・観光立国論』の著者デービッド・アトキンソン氏によれば、日本は観光国としてののびしろを大いに秘めた国。観光の強みとなる自然、歴史、食事については、フランスに負けず劣らずの魅力があると言います。フランスに比肩《ひけん》するわが国の魅力を探して、恬淡《てんたん》と国内を回るのも悪くないのではないでしょうか。

若い頃のように貪欲にやると
疲れてしまいます。
読書も旅行も、
サラッと淡々と味わいましょう。

モノを捨てられない人は教養のない人

近頃は高齢者向けの「断捨離」が話題です。長年溜め込まれたものを整理する「老前整理」や「生前整理」に人々の強い関心が集まっていると言います。「物事は効率が第一。そのためには整理整頓が当たり前」と考えてきた私からすると、「なぜ整理整頓ごときでこれほど騒ぐのか」と不思議でなりませんでしたが、最近その壮絶な実態を耳にする機会がありました。かつての部下の妻の実家の話です。

部下の義母は夫を亡くしたあと一人暮らしをしていましたが、八十になったのを機に老人ホームに入所することになりました。

「持っていけない荷物を預かってほしい」と義母に頼まれ、部下の自宅で預かることになりましたが、運び込まれたダンボールの数は何と百以上。実家では五部屋のうち四部屋が、荷物でいっぱいだったのだと言います。

いったい何をそんなに溜め込んだのかと尋ねると、そのほとんどが未使用の引き出物、貰い物、不要になった雑誌や書類。中学生だった子どもたち宛てに書き留めた「冷蔵庫におやつがあるよ」というメモまでとってあると言うのです。

部下の妻ができるだけ捨てさせようと苦心して仕分けするものの、ちょっと目を離したスキに義母が「捨てるもの」を「捨てないもの」に移してしまう。無理やり捨てるわけにもいかず、結果これだけの量になってしまったというわけです。

本人なりに捨てたくない理由があるのかもしれませんが、何でもかんでも溜め込むのは教養が欠けていると言わざるを得ません。捨てる捨てないを決めるとは、大事なものとそうでないものとを見きわめること。それができないということは、教養や知性を欠くにも等しいのです。

戦後世代の多くは「もったいない」が当たり前です。モノのない時代を生きてくれば、何でも捨てずにとっておきたいと思うのもわからなくはありません。

でも、どれほど大事でも所詮モノはモノ。死んであの世に持って行くことはできません。子どもたちに「悲しいガラクタ」を遺さないためにも、モノは思いきって捨てる・手放す、を心がけるのが大事ではないでしょうか。

手放すということで言えば、高齢になったら「車の運転」を手放すのも必須だと思います。七十を超えたら運転免許証を返納するのです。

高齢になると間違いなく運転能力が落ちます。認知機能検査や高齢者講習なども行われますが、これをクリアしたからと言って安全運転ができる保証はありません。事実高齢者の運転によって死亡事故が引き起こされた例は枚挙《まいきょ》にいとまがありません。

「地方では車がないと生活ができない」といった課題もありますが、人命を守るためにも今後高齢者の免許返納を義務づけていくべきだと思います。

溜め込んだモノは、思い切って捨てる。
思い出の品も、できる限り手放す。
「もったいない」という気持ちに
少しずつケリをつけましょう。
七十代になったら、
運転免許も手放しましょう。

「コレクション」はしない

私は所帯を持って以後、転勤などで引っ越しを繰り返しました。荷物が多いとたいへんなので、引っ越しのたびに不要なモノを捨て、よけいなモノを買わないようにもなりました。私がモノに執着しないのは、度重なる引っ越しのおかげもあるかもしれません。

唯一本だけは捨てなかったためかなりの分量になりましたが、これも次の引っ越しでは半分以上捨てるつもりです。今は古本も安く手軽に入手できる。必要になったらまた買えばいい。そう思うことにしたのです。

もっとも、何でもかんでも使い捨てればいいと思っているわけではありません。家具や電化製品など毎日長く使うものは、耐用性や機能性を重視して買います。使い捨てにしろ長く使うにしろ、モノは実用性を考えるのが第一です。

ところが、人は得てしてモノに実用以外の価値を見出しがちです。思い出、思い入れ、ステイタス……などです。

たとえば私の亡くなった叔母は、よくモノを通して思い出を語っていました。「これはあのときもらったもの」「あれを買ったときは確かこういうことがあって」など、過ぎ去りし過去を細かく振り返るのです。

正直、私はこういう気持ちがあまりよくわかりません。

なぜそんなに過去の話ばかりするのか。どうして昔のモノをそこまで懐かしむのか。それよりも今を考えたほうが有意義ではないか。これから何をするかを話したほうが楽しいではないか。

年をとっても、人は過去ではなく未来を向いて生きるべき。過去のモノや思い出にとらわれてばかりいてはいけない。そう思うのです。

何も思い出が無意味だとは言いません。誰しも捨てられない思い出の品の一つや二つはあって当たり前です。でも思い出を懐かしむあまり、使いもしなくなった昔のモノをあれこれとっておくのはいかがなものでしょうか。

モノは使ってこそ価値があるのです。使わなくなったモノに思いだけを残してみてもなんの意味もありません。

だから私はコレクションもしません。集めて楽しむという気持ちも皆無です。高価な品物を集めることで心が満たされる人もいるのかもしれませんが、「それの何が楽しいのだろう」と思ってしまいます。

モノはステイタスではなくいかに使いこなすかが肝心。実用第一と心得ていちいちよけいな思いを残さない。

そのほうが残された時間を有意義に使えるのではないでしょうか。

いくつになっても、
大事なのは過去ではなく未来。
過去のモノや思い出に執着するのは
やめましょう。
モノの価値は、思い出や
ステイタスではなく、
今使いこなすことにあるのです。

「終の住処」にとらわれるな

よけいな思いを残さないのは「家」についても同じです。家は快適に暮らせれば十分。「この土地のこの場所を終の住処にしたい」などといったこだわりや思い入れも私にはありません。

結婚当初は「男たる者城を持つべし」とローンを組んで戸建を買いましたが、転勤や昇進でそこに住む機会はほとんどなく、長年社宅を転々としました。退職後は終の住処にするつもりでふたたびローンを組んで横浜にマンションを買いましたが、仕事を続けるには不便だと手放すことになり、次に移り住んだ都内のマンションも三世帯同居を決めたことで結局離れることになりました。

こうした経験から「事情によって住まいは変わる。終の住処なんて決めてみても意味がない」と思うようになったのです。

よく「賃貸と持ち家はどちらがトクか」ということが話題になりますが、これも生活スタイルや不動産事情によって変わります。

持ち家は資産になることや、賃貸料には貸し主の利益が上乗せされていることを考えれば持ち家のほうがトクであるのは自明ですが、お金以外の事情を考慮すれば一概にどちらがいいとは言えません。

私の場合、今のところは戸建に住むことになりましたが、本音を言えば管理の手間のかからないマンションが楽。庭の手入れも不要だし、玄関の鍵一つで戸締まりできるのも魅力。高齢者の住まいを考える上で、利便性は何より大事です。便利ということで言えば、私は田舎より都会暮らしが好きです。高齢になって田舎に帰る人もいますが、私の場合、適度に刺激のある都会のほうが生活にハリも出ます。

定年後、気候がよく物価も安いタイやインドネシアなどで暮らす人もいます。

知人にも何人か、定年後に海外での生活をスタートさせた人がいました。

しかし向こうには親戚も友人もいません。住環境も医療制度も日本とは異なりますし、治安のよさも日本とは比べ物になりません。そのことに気づいて帰国する人も最近は増えているように思えます。

どの国にもその国なりのよさがあるのは確かですが、長年住み慣れた国や地域で暮らすのが、高齢者にとっては一番なのではないでしょうか。

もっとも、どこが一番暮らしやすいのかは暮らしてみなければわかりません。田舎に移り住んでみたけれど、いざ住んでみたらとてもじゃないが続きそうにないということもあります。逆に都会に出てきてみたけれど、やっぱり田舎に帰りたいということもあります。

大事なのは、そうなったときのためにある程度の見通しを立てておくこと。失敗しても「ご破算で、願いましては」でやり直せばいいという心づもりをしておくこと。そのためには「終の住処」への思い入れなんて持たないほうがいいのです。

最初から「終の住処に」などと決めつけなければ、失敗してもそれほど落ち込むことはありません。お金や時間をムダにしてしまったけれど、命までとられたわけではないとポジティブに考えられます。

物事は状況に応じて柔軟に変えていくべきであり、失敗は引きずるためではなくよりよい将来に生かすためにあるのです。

私もあらたに三世帯同居をスタートさせましたが、これが終の住処だとは思っていません。娘婿の両親からは「よく決断されましたね」と言われますが、命にかかわるような重大な決断をしたつもりもありません。

万が一、三世帯同居が続かなくなったときは、ここを出て賃貸に出しているもとのマンションに戻ってもいいし、あるいは老人ホームに入ってもいい。その程度の見通しは立てますが、先々をきっちり決めてみてもあまり意味はありません。「終の住処」にとらわれず、その都度なんとかなるように人生を舵取りしたほうが、軽やかにすがすがしく、悔いのない老後を送れるとは思いませんか。

「終の住処」なんて、考えない。
何歳になっても、
やり直しのきく心構えをしておく。
人間にとって住まいは
大事なものに違いありませんが、
とらわれすぎないほうが、
余生を気楽に過ごせます。

撮　影　齋藤清貴（SCOPE）
装　丁　田中和枝（フィールドワーク）
DTP　美創
編集協力　藤原千尋
編　集　片野貴司（幻冬舎）

佐々木常夫
ささき・つねお

1944年、秋田市生まれ。株式会社佐々木常夫マネージメント・リサーチ代表取締役。

69年、東京大学経済学部卒業後、東レ株式会社に入社。自閉症の長男を含め3人の子どもを持つ。しばしば問題を起こす長男の世話、加えて肝臓病とうつ病を患った妻を抱え多難な家庭生活を送る。一方、会社では大阪・東京と6度の転勤、破綻会社の再建などさまざまな事業改革に多忙を極めたが、いかにワークライフバランスを保つかを考え、定時に帰る独自の仕事術を身につける。

2001年、東レ株式会社の取締役に就任。03年より東レ経営研究所社長。何度かの事業改革の実行や3代の社長に仕えた経験から独特の経営観をもち、現在経営者育成のプログラムの講師などを務める。

内閣府の男女共同参画会議議員、大阪大学客員教授などの公職を歴任している。

『そうか、君は課長になったのか。』(WAVE出版)、『40歳を過ぎたら、働き方を変えなさい』(文響社)、『運命を引き受ける』(河出文庫)など著書多数。

人生は理不尽

2019年1月25日　第1刷発行
2019年2月15日　第2刷発行

著　者　佐々木常夫
発行人　見城 徹
編集人　福島広司

発行所　株式会社 幻冬舎
〒151-0051　東京都渋谷区千駄ヶ谷4-9-7

電話　03(5411)6211(編集)
03(5411)6222(営業)
振替　00120-8-767643
印刷・製本所　株式会社 光邦

検印廃止

Printed in Japan
ISBN978-4-344-03418-1　C0095
幻冬舎ホームページアドレス　http://www.gentosha.co.jp/

この本に関するご意見・ご感想をメールでお寄せいただく場合は、
comment@gentosha.co.jpまで。